KB056669

신사임당, 그녀를 위한 변명

일러두기

1. 본문의 주는 각주(*), 미주(1, 2, 3…), 편집자주로 분류되어 있습니다.

2. 각주는 본문 내용에 대한 부가 설명이며, 미주에는 인용문의 출처와 원문을 담았습니다. 각주와 미주는 모두 저자
   의 것입니다. 편집자주는 해당 내용에 (편집자주)라고 표기를 하였습니다.

3. 인용문에 대한 번역은 각 저자의 번역을 따랐으며, 같은 원문일지라도 저자에 따라 번역이 다를 수 있습니다.

4. 인명, 책 이름, 내용과 관련한 한자는 꼭 필요한 경우에 한하여 병기하였고, 처음 병기 후에는 생략하였습니다.

신사임당,
그녀를 위한 변명

시대와 권력이 만들어낸
신사임당의 이미지 변천사

고연희·이경구·이숙인·홍양희·김수진 지음

다산기획

차례

2 | 김장생과 송시열, 신사임당과 이율곡을 재해석하다 _이경구

5 | 현모양처, 신여성,
  초여인의 얼굴을 지닌 사임당 _ 김수진

시대가 욕망하고
시대가 소환한 신사임당

　　신사임당은 늘 그 시대를 담아내는 그릇이었다. 지난 5세기 동안 그녀만큼 지속적인 관심 속에서 변화무쌍한 이미지를 보인 인물도 없다. 근대 이전의 남자들은 그녀를 통해 당파의 결속과 문화적 자존심을 주문하였고, 근대 이후의 각종 권력들은 그녀를 통해 세상의 여자들을 훈계하였다. 무엇보다 사임당은 수준 높은 그림을 그린 화가이자 대학자를 낳은 어머니였다. 이 유혹적인 두 가지 사실이 있기에 훗날 사람들은 신사임당을 다양하게 변주하며 이야기를 만들어낼 수 있었다. 하지만 아무리 그럴싸한 사실이 있다 한들 의미를 부여하지 않으면 한낱 사실일 뿐이다.

　　『신사임당, 그녀를 위한 변명』은 지금껏 누가, 무엇을 위해, 어떻게 사임당을 이야기했는가를 살펴보고자 한다.

신사임당은 초인인가

신사임당은 80여 점의 그림 작품을 쏟아낸 왕성한 화가이자 부모 마음에 쏙 드는 효녀였고, 7남매를 낳아 훌륭하게 길러낸 어머니였으며, 생계를 도맡아 지혜롭게 생활을 꾸린 현모양처였다. 또한 품격과 사랑으로 아랫사람을 인도하는 집안 어른이었다. 우리는 지금껏 이 모든 것이 합쳐진 인물이 신사임당이라고 알고 있다. 하지만 정말 자연인 신씨의 모습이 이러할까. 관련 자료를 조금만 들여다보면 우리가 알고 있는 신사임당의 모습은 보태지고 과장되고 각색되었음을 쉽게 발견할 수 있다.

우리 앞에 선 사임당은 '초인超人'의 형상이다. 최근에는 화폐 모델이 되면서 논쟁의 중심에 서는가 싶더니, 그녀의 일생이 드라마로 만들어져 해외로까지 진출할 것이라 한다. 대체 우리가 생각하는 신사임당과 진짜 신사임당과의 간극은 어떤 연유로 생겨났으며, 어떻게 각색되고 부풀려졌단 말인가.

신사임당은 시대가 바뀔 때마다 그 변화에 조응하며 변신에 변신을 거듭해 왔다. 그 변신은 그녀의 것이 아니라 시대의 몫이었다. 구체적 존재 사임당의 '사실'이 중요한 만큼 그녀를 만들어온 '기억과 재생의 역사'도 중요하다. 그녀에게 덧씌워진 이미지의 역사를 살펴보면 결국 그 시대의 정치, 문화, 예술, 젠더 등 복합적인 이야기가 담겨 있기 때문이다. 이것이 마흔여덟 살의 나이로 세상을 떠난, 실존한 신사임당의 삶보다 사후 500여 년의 긴 세월을 거치며 만들어진 신사임당의 역사를 살펴봐야 하는 이유이기도 하다.

왜 유독 신사임당에게 이러한 '혜택'이 주어졌는가를 알아보기 위해 다섯 명의 연구자들이 모였다. 한국미술사와 한문학을 전공한 고연희는 예술가로서의 신사임당을, 조선 시대 사상사를 전공한 이경구는 송시열이 원한 신사임당의 이미지를, 신사임당의 담론을 연구해온 동양철학 전공의 이숙인은 율곡의 어머니이자 교육자로 추앙 받게 된 신사임당을, 식민지 가족사와 여성사를 전공한 홍양희는 현모양처 신사임당의 이미지를, 신여성담론을 연구한 김수진은 국가 영웅이 된 신사임당에 주목하였다.

연구자들은 신사임당에 관한 담론이 만들어진 지난 5세기의 역사를 살피고, 당대 권력의 요구와 사임당의 이미지가 어떻게 조응했는지 밝혀냈다.

고연희는 화가로서 신사임당의 진짜 모습은 어떠했을지 그리고 후대의 평가가 어떻게 변하고 있는지를 추적하였다. 16세기에서 18세기까지 논의된 신사임당의 작품과 현존하는 작품들과의 관계를 규명하고, 그 미술사적 의의를 논하고 있다.

16세기의 신씨는 고전적 화풍의 섬세한 필묵법으로 산수화를 그린 화가로, 상당한 인기를 누렸고 모종의 경제적 보상도 받았을 것으로 추측한다. 이는 어머니 사임당이 돌아가시고 난 후 율곡이 쓴 「선비행장」에 '아버지가 집안 살림을 돌보지 않아 넉넉지 못했는데, 어머니의 노력으로 위아래가 다 편안했다'는 기록에 기초한 것으로 보인다.

17세기에는 사임당의 산수도를 둘러싼 격론이 일어났고, 18세기에는 산수도 대신 초충도의 인기가 폭발했다. 고연희는 18세기 송시열의 문인들이 사임당을 초충도의 화가로 명명한 것을 성리학적 세계관에 입각한 '율곡의 어머니'로서 추숭하는 작업으로 해석한다. 즉 신사임당은 초충도를 그릴 만큼 '미물에게도 관심과 사랑을 베푼 분'이라는 것이다.

결과적으로 18세기 동아시아 회화사에서 유독 조선에서만 초충도는 폭발적 인기를 끌었다. 이는 곧 수많은 '전傳 사임당'이라는 꼬리표가 붙은 작품을 낳았다. 사임당의 그림이라 일컬어지는 초충도가 지금까지 헤아릴 수 없이 많이 남아 있다. 하지만 간송미술관이나 국립중앙박물관 등이 소장한 사임당의 초충도는 신사임당의 진짜 그림이 아니다. 거듭 모사하여 사람들 사이에 정형화된 18세기의 이미지를 반영한 작품이다. 고연희는 이런 현상을 율곡의 어머니인 신사임당의 정체성을 둘러싸고 생성된 학문적 회화 문화로 파악하며, 18세기 우리나라의 회화 문화를 풍요롭게 한 데서 의의를 찾았다. 또한 화가로서의 전문적 능력을 갖추고 예술가로서의 제작 행위를 실천한 사임당이 시대를 앞서간 여성이라는 점을 분명히 밝히고 있다.

율곡이 없으면 사임당도 없다

이경구는 김장생과 송시열이 신사임당과 이율곡을 어떻게 재해석했는지를 통해 사임당 평가의 정치사상적 맥락을 규명한다. 그는 신사임당이 오늘날 높은 평가를 받는 것은 율곡이 대학자로 추앙되는 과정과 밀접한 연관이 있다고 본다. 따라서 '율곡 추앙'을 주도한 김장생과 송시열의 작업을 주목해서 살폈다. 김장생이 율곡을 추앙하는 첫 발을 떼었다면 송시열은 그 작업을 마감했다.

이경구는 추앙 작업이 이뤄지는 과정에서 신사임당에 대한 평가와 이미지가 변하는 지점에 주목한다. 흥미롭게도 우리는 신사임당에 대한 요구가 바뀌는 지점에서 조선이 성리학의 나라가 될 수밖에 없었던 이유와 사회 변화를 만날 수 있다.

김장생이 사임당보다 율곡의 부인 노씨에 주목했다면, 송시열은 사임당-율곡의 관계를 더 부각시켰다. 그것은 예학가 김장생의 입장에서 볼 때, 예술가 사임당보다는 부인의 법도를 다하고 사절死節로 생을 마감한 율곡의 부인 노씨에 시선이 더 갔을 것이라는 해석이다.

그리고 그들의 율곡의 추앙은 정파나 학파의 이익이라는 단순한 이유 때문만이 아니라 왜란과 호란으로 인해 피폐해진 조선 사회를 재건해야 한다는 책임감이 깔려 있었다. 게다가 명분과 의리를 앞세운 송시열의 '일관되고 전체적인 기준'은 학문 분야에만 국한되지 않고 일상, 정서 등 전방위에 걸쳐 있었다.

송시열은 율곡의 학문적 오류를 건어냈고 마찬가지로 신사임당의 작품 역시 유교적으로 해석했다. 스님이 등장하는 등 문제의 소지가 있어 보인 신사임당의 산수는 위작으로 부정해야 마땅했다. 사임당의 예술적 성취는 오로지 주자학의 의리관에 따라 조명되었다. 송시열은 사임당과 그녀의 작품을 유교의 기획에 맞추어 이념적으로 재해석했는데, 이러한 방식은 이후에도 계속된다는 것이다.

이숙인은 아들 율곡과 함께 역사의 길을 걷게 되는 18세기의 사임당을 문헌 자료를 통해 살폈다. 사임당이 세상을 뜬 지 150여 년이 지난 18세기, 그녀에 대한 또 다른 국면의 기억과 재생의 역사가 펼쳐진다. 여기서 사임당은 부덕을 실천한 여성의 상징이 된다. 또한 이 시기는 그림의 소재가 다양해지고 숫자가 대폭 늘어난 것도 특징이다. 하지만 그림을 품평한 글들은 그림이 아니라 사임당의 부덕婦德을 선양하는 수단 혹은 진품임을 논증하는 방식으로 전개되었다.

특히 이 시기에 사임당이 용꿈을 꾸고 아들 율곡을 낳았다는 잉태의 담론이 나오는데, 이것은 다시 태교와 교육으로 발전하며 사임당은 자녀 교육에 성공한 어머니라는 이미지가 더해진다. 당쟁의 시대를 맞은 '송시열의 사람들'에게 시대의 화두였던 사임당은 북송의 대학자 이정의 어머니 후부인과 비교되면서 끊임없이 '현모'의 전형으로 자리잡는다. 이는 17세기에는 송시열의 발명품이었지만 18세기는 자연스런 사실로 굳어졌다.

사임당이 율곡의 이미니인 것은 분명한 사실이지만, 그 관계를 어떻게 의미화하는가는 사실과는 별개의 영역이다. 18세기 노론 계열 인사들은 사임당의 그림을 보고 그림 이야기를 하는 것이 아니라 자신의 이야기를 하거나 자신들의 당론을 투사하였다. 그들은 신사임당이 화가라는 사실을 바탕으로 자신들의 영수인 율곡의 어머니로 의미화하는 데 집중하였다. 18세기 인사들의 사임당 담론은 조선 후기 여성의 그림이 성리학적 인간관 속에서 어떻게 인식되고 이야기되는지를 잘 보여준다.

홍양희는 개항 이후 식민지 시기에 이르는 역사 공간에서 '현모양처'의 상징이 된 신사임당 담론이 갖는 문제와 그 의미를 살폈다. 즉 16세기를 살았던 신사임당이, 근대라는 시공간에서 어떻게 이미지를 변화시키고 발명되는지, 그 역사성에 주목하였다. 우선 부국 강병과 문명 개화가 시대의 화두였던 20세기 초, 여성이 어떻게 '국민 양성'을 목표로 한 근대 교육과 만나고, 또 사임당이 근대 무대로 소환되는지를 자료에 근거하여 치밀하게 논증하였다. 또 이 시기에 등장하는 '현모양처' 개념의 유래와 그 시대적 의미를 분석한다.

근대 교육은 교육을 통한 국민 양성을 목표로 하며, 후일 어머니가 될 여성의 교육 목표는 다름 아닌 '현모양처'라는 것이다. 여성의 계몽과 교육에 대한 필요가 대두되던 시기, 지식과 소양을 갖춘 여성이 자녀 교육에 얼마나 적합한지를 입증하는 최적화된 인물이 신사임당이었다. 그런데 사실 이 '현모양처'는 '전통적 여성' 그 자체가 아니라 내조와 자녀 양육의 임무를 수행할 근대 산업 사회에 적합한 유형이다. 신사임당은 이를 위해 과거로부터 전격 소환된 역사적 인물이었던 것이다.

1930년대 '전통적 현모양처'로 표상되기 시작한 신사임당은 식민지 말기 다시 한번 이미지 변신을 경험한다. '군국의 어머니'와 '총후부인'의 모습에 효과적으로 연동될 수 있었다. 이렇듯 홍양희는 식민지 시기 신사임당이 재현되는 방식과 그 변화를 추적함으로써 신사임당 담론에 작동하는 여성과 남성에 대한 정치학을 살폈다. 이것은 여성성(젠더)이 근대 국가의 정치 상황과 상호연관되어 있음을 드러내는 작업이기도 하다.

신사임당의 이미지 변천사는 욕망의 역사

김수진은 '지금 여기'에서 다시 부는 신사임당 바람을 다양한 자료를 통해 규명한다. 왜 지금 신사임당이 다시 등장하는가? 왜 우리는 사임당을 역사 속에 놓아두지 못하고 지금 여기로 불러내는가? 우리는 사임당에게 무엇을 원하는 것일까? 이러한 질문들에 대한 답을 찾아보려는 것이다. 이를 위해 1970년대 이후 지금 여기에 이르기까지 신사임당의 이미지가 변화하는 양상을 추적했다.

1970년대 국가는 민족주의적 영웅화 작업을 주도한다. 그 일환으로 신사임당은 우리나라의 민족적 주체성을 구현한 대표 여성이자 국가 영웅으로 자리매김한다. 당시 국가가 추진한 근대화는 산업화뿐 아니라 산업화에 적합한 인간형을 만들어내는 데 있었다. 여기서 사임당은 '전통적 현모양처'와 '근대화 프로젝트를 수행하는 현모양처'라는 두 가지를 동시에 만족시키는 존재로 소환되었다.

한편 한 흐름의 여성 운동에서도 신사임당을 중요한 아이콘으로 활용하는데, 여기서 근대화 프로젝트에 적극적으로 적응하려는 '초여인', 즉 슈퍼우먼의 형상을 띤다. 이 현모양처는 수동적인 가정 내 존재가 아니라 가정과 사회를 넘나들면서 발전주의적 근대화 프로젝트를 수행하는 '초여인'이다. 이 프로젝트 속에서 건전한 가정을 일구는 것은 봉건적 유제가 아니라 강인한 의지와 인내로써 고난과 역경에 찬 근대화를 수행하는 주체의 행위가 된다는 설명이다.

요컨대 이 시대 신사임당을 통해 재탄생한 현모양처는 전통과 근대가 접합된 콜라주이다. 우아한 자태의 외관을 유지하면서 뛰어난 재능을 지니고 있으며, 여성에게 부여된 다양한 역할을 해내는 근성을 지닌 다중적 페르소나를 구사하는 여성이라는 설명이다. 이는 곧 현대 여성들의 욕망을 반영한 것이고, 따라서 신사임당을 '가부장적 우리 사회가 선택한 현모양처의 전형'으로 가정하는 것은 사태의 복잡성을 너무 단순화한 것이라는 해석이다.

16세기에서 21세기에 걸쳐 나타난 사임당의 이미지는 시대적 맥락과 연동되면서 다양한 모습을 보인다. 오로지 화가로 호명되던 때가 있었는가 하면, '율곡의 어머니'라는 사실을 강조하던 때가 있었고, '현모양처'로 등장하는가 하면, '민족의 어머니'로 신화화되다가, 다시 개인의 성취와 가정의 행복을 동시에 수행하는 슈퍼우먼에 이르기까지 변신에 변신을 거듭해 왔다. 신사임당은 시대가 추구하고 시대가 욕망한다면 언제나 소환되었다.

16세기에서 19세기까지 300여 년 동안 신사임당은 아들 율곡으로 인해 선양되고 추앙되었다. 신사임당은 율곡을 종주宗主로 하는 서인 노론 계열의 전유물이 되다시피 했고, '율곡이 있기에 사임당도 있다'는 논리가 그녀를 압도하였다.

하지만 근대의 시작과 함께 사임당에 대한 관심이 대중화되면서 그녀는 전통과 근대를 아우르는 여성의 상징으로 자리매김된다. 아들 율곡의 등에 업혀 역사의 길을 걸어온 그녀가 이제 아들과는 별개로 독자적인 길을 걷게 된 것이다.

이제 사임당은 아들인 율곡보다 대중 인지도가 더 높아졌다. 신사임당 재생의 역사 500여 년은 우리에게 끊임없이 당대의 역사를 보고, 당대 사람들의 욕망을 읽도록 한다.

저자들의 뜻을 모아 이숙인 씀

1

신씨의 예술혼,
미궁에 떠돌다

고연희

개울이 굽이굽이 흐르고, 산은 첩첩이고

바위 곁에 나무는 늙고, 길이 구불구불하구나.

숲속 아지랑이 자욱한 가운데로

안개 사라지는 사이로 돛대가 언뜻 보이네.

해 지는 데 나무다리로 도인(仙子)이 지나가고,

솔 아래 집에 바둑 두는 스님이 한가롭구나.

꽃다운 마음 절로 신神이 부합하여

묘한 생각과 기이한 솜씨를 따를 자가 없도다.[1]

　이 시가 읊고 있는 대상은 동양東陽 신씨申氏라는 여성이 그린 산수화 족자이며, 시를 읊는 학자는 소세양蘇世讓이다. 신씨는 1504년에서 1551년까지 살았던 양반 집안의 여성으로, 오늘날 우리가 신사임당이라고 부르는 여성이다. 그녀 생전에 남편이 대단한 출세를 한 것도 아니었고, 훗날 걸출한 학자로 성장하는 이이李珥는 그녀가 눈을 감을 때 겨우 15세였다. 그림을 잘 그린 이 여성은 당시 '신씨' 혹은 '동양 신씨'로 불렸다. 조선 시대 여성들은 친정 집안의 성을 따라 '–씨'라 불렸다. 참고로 다음에 제시하는 〈표 1〉과 〈표 3〉을 보면, 16세기의 '신씨'라는 명칭이 18세기에는 '사임당師任堂'으로 완전히 바뀌어 있음을 확인할 수 있다.

산수화로 이름을 떨친, 여성화가 신씨

한 여성이 산수화를 잘 그려 당시 관료 문인의 눈길을 끌고 이만한 칭송을 들었다는 것은 조선의 예술사에서 매우 보기 드문 일이다. 신씨의 그림이 어떠하였길래 이러한 높은 평가를 받을 수 있었을까? 앞에서 인용한 소세양의 시에 따르면, 신씨가 그린 산수화는 깊은 공간감을 잘 표현한 그림이었다는 것을 알 수 있다. 산이 첩첩으로 겹쳐 있고, 개울은 굽이굽이 흐르며, 숲속 아지랑이 또한 자욱하다. 이런 풍경 속으로 사람들이 지나가고, 소나무 그늘 아래 집에는 바둑 두는 고승들이 앉아 있다.

소세양은 신씨의 또 다른 산수화를 보고도 시를 읊었다.

몇 자의 환한 비단에 그윽한 뜻이 족하구나. 신이한 필력이 조물주의 공력을 빼앗는 줄을 진실로 알겠도다.[2]

이 시에서 소세양이 말한 '몇 자(數尺)의 환한 비단'이란 표현은 주목할 만하다. 왜냐하면 신씨가 그린 산수화가 적어도 1미터가 훌쩍 넘는 크기였고, 그 바탕은 고운 고급 비단임을 말해주기 때문이다. 신씨는 상당한 규모와 품격을 갖춘 작품을 제작하였다는 뜻이다. 또한 소세양은 이 그림을 '신이한 필력(神筆)'이라 했다. 신묘한 능력의 붓질로 그려졌다는 뜻이다. 소세양이 주목한 신씨라는 이 여성은 실로 전문가 수준의 규모와 필력의 회화 작품을 완성하여 세상에 내놓았고, 이름을 떨쳤다. 신씨는 조선 전기에 보기 드문 여성 화가였다.

소세양의 문집『양곡집(陽谷集)』에 실린 제화시(題畵詩)(그림을 보고 읊은 시)들을 두루 살펴보면, 소세양의 신씨에 대한 평가가 얼마나 높았는지 좀더 정확하게 가늠할 수 있다. 소세양의 문집에는 관료들의 모임을 기록하는 기록화에 대한 제화시가 매우 많으며, 산수·화초·영모(翎毛)(터럭이 있는 새와 짐승) 등을 주제로 한 감상화에 대한 것은 모두 15편이다. 그 가운데 화가의 이름을 밝혀 칭송한 경우는 16세기를 대표하는 문인화가 김시(金禔)의 산수화와 신씨의 그림뿐이다. 대개 화가의 이름은 기록하지 않았다. 소세양의 기록은 당시 신씨가 상당한 명성을 누린 산수화가였다는 사실을 우리에게 알려주는 데 부족함이 없다.

소세양뿐만이 아니었다. 같은 시대의 문인 정사룡(鄭士龍) 또한 '신씨'의 산수화를 감상한 후 시를 남겼다. 정사룡은 신씨의 산수화 화면을 상세하게 묘사함으로써 관심과 존중을 표현하였다.

華察薛廷寵兩
詔使庭接詩文具載
皇華集前後續東
槎集三卷詩篇開
刊於淳昌郡故今
不更錄于集中甫

陽谷先生神道碑銘
有明朝鮮國崇政大夫議政府左贊成兼義
禁府事知
經筵春秋館成均館事弘文館大
提學藝文館大提學五衛都摠府都摠管世
子貳師蘇公神道碑銘 并序
崇政大夫行禮曹判書兼載禁府事知
經筵春秋館成均館事弘文館大提學藝
文館大提學江寧君洪暹 撰
蘇氏出晉州有諱乙卿仕高麗官至版圖判書
判書之後諱禧入我
朝為中軍司正司正生

소세양, 『양곡집』(1570년)
조선 중기의 문신 소세양이 남긴 14권 7책의 문집
이다. 소세양의 자는 언겸, 호는 양곡이다. 1509
년 식년문과 을과에 급제하여 형조·호조·병조·
이조 등의 판서를 거쳐 의정부 우찬성과 좌찬성에
올랐다. 문장이 섬세하고 아름다웠으며 중국에까
지 명성을 떨쳤다. 기녀 황진이와 얽힌 인연도 전
해진다.

산봉우리 어지럽고 신선의 골짝이 열리자

스러지는 누대가 돌언덕에 기대고 있네.

지름길 희미해도 백련사로 통하고,

조수가 급하니 어부가 피곤하네.

산림에 은거함이 실로 남은 빛이거늘,

헛된 이름을 아직 놓지 못했구나.

멀리 펼쳐진 풍경에 눈이 환해지니

가을이 든 황제黃帝의 정호鼎湖인 듯하구나.

백로가 날개 떨쳐 바위 폭포에 오르고

종소리가 돌문에 은은하게 울리네.³

(하략)

　정사룡이 묘사한 이 그림은 깊은 산속에 길이 나 있고, 급한 물살 위로 두 명의 어부가 배를 타고 있으며, 폭포가 떨어지는 언덕 위로 백로가 날아오르는 풍경이 담긴 거작의 산수화 작품이었던 것으로 보인다.

　정사룡 문집의 제화시들을 살펴보면, 이전 세대 최고의 화가 안견安堅의 산수화, 문인화가 신잠申潛의 묵죽, 이불해李不害가 그린 초상화의 경우에만 화가의 이름을 시 제목에 명시하였다. 정사룡이 「신씨 산수화에 부치다(題申氏山水圖)」라고 화가 신씨의 이름을 제목에 밝히고 위와 같이 그림을 정밀하게 묘사한 것은, 그의 신씨에 대한 칭송과 예우가 당시 국내 일류급 화가들과 동등했음을 알려준다.

이들보다 한 세대 뒤의 학자 정유길鄭惟吉은 '신씨'의 포도 병
풍에 시를 남겼다. "신이함이 엉겨 조화로움이 묘하니, 붓질로 빼
앗아 참된 생기가 발하네(神凝造化妙, 筆奪發生眞)"라고 하였다. 신씨
의 포도 그림에는 싱싱한 느낌의 포도송이와 포도 잎이 그려져 있
었던 것을 알 수 있다.

신씨의 그림을 펼쳐보고 시를 지었던 소세양과 정사룡 그리고
정유길은 모두 높은 벼슬에 올랐으며, 시문에도 능하였던 관료 문
인들이었다. 소세양은 중종 4년에 문과에 급제하여 직제학, 승정
원, 동부승지 등을 거쳐 좌찬성에 오른 인물이다. 정사룡은 소세양
과 같은 해 문과에 장원급제하여 1554년 대제학에 올랐다. 정유길
또한 장원급제로 문과에 뽑혀 대제학 및 좌의정을 지낸 인물이다.
즉 신씨의 그림 솜씨는 당대의 고위관료층의 안목에 들었고, 신씨
가 가장 잘 그렸던 그림은 산수화와 포도 그림이었던 것이다.

〈표 1〉은 16세기 문헌 기록들을 모두 살펴 신씨의 그림이 거론
된 시문을 모은 것이다. 앞에서 소개한 소세양, 정사룡 그리고 정
유길 외에 신씨의 아들 이이李珥와 어숙권魚叔權의 글이 포함되어
있다.

이이는 어머니를 추모하는 「선비행장先妣行狀」에서 다음의 글
을 남겼다.

어머님께서 생전에 남기신 글씨와 그림이 범상치 않으시다. 일곱 살부터

<표 1> 16세기 문헌에 기록된 신씨의 그림

기록자	출전	글 제목	그림 주제
소세양 1486~1562	『양곡집陽谷集』	「동양 신씨 산수화 족자(東陽申氏山水畫簇)」 1 「동양 신씨 산수화 족자」 2	산수
정사룡 1491~1570	『호음잡고湖陰雜稿』	「신씨 산수화에 부치다」	산수
이이 1536~1584	『율곡전서栗谷全書』	「선비행장」	산수, 포도
어숙권 16세기 전중기	『패관잡기稗官雜記』	없음	산수, 포도
정유길 1515~1588	『임당유고林塘遺稿』	「신씨 포도 그림 병풍에 부치다(題申氏葡萄畫屛)」	포도

안견의 그림을 모방하여 마침내 산수화를 그리신 것이 지극히 묘하셨고, 또한 포도를 그리셨다. 모두 세상에 견줄 만한 이가 없으며, 그리신 바가 병풍과 족자로 세상에 많이 전한다.[4]

이이의 「선비행장」은 문맥으로 보아 과장을 보탠 글이 아니기에, 우리에게 중요한 정보 세 가지를 알려준다.

첫째, 신씨는 조선 초기 왕실에서 그려지던 고전적 산수화풍의 섬세한 필묵법으로 산수화를 그린 화가였다. 〈몽유도원도〉가 보여주듯, 안견의 화풍은 필치가 정교하고 구도기 치밀하다. 중국 송宋나라의 한림원에서 완성되어, 원元나라를 거처 조선 초기 왕실로 전달된 화풍이었다. 어린 시절부터 이미 뛰어난 그림 재주를 보였

안견, 〈몽유도원도夢遊桃源圖〉의 일부(비단에 엷은 채색, 38.7×106.5cm, 1447년)
이이는 「선비행장」에서 어머니 신사임당은 조선 전기를 대표하는 화가 안견의 그림을 모방하며 실력을 연마했다고 전한다.

던 신씨는 당시 최고 화가로 일컬어지던 안견의 화풍을 추구하여 절차탁마의 훈련으로 실력을 연마했던 것으로 보인다. 신씨가 활동할 당시, 안견은 이미 세상을 떠난 후였지만 안견의 명성은 여전하였다. 16세기의 문인 정사룡이 안견의 산수화를 자세히 묘사하였듯이,[5] 당시 왕실과 사대부가에서는 적지 않은 안견의 진작 산수화들이 널리 펴져 있었다. 16세기의 문인들이 여성화가 신씨를 안견에 견주어 평가한 것은 신씨의 놀라운 실력과 신씨의 산수화풍 실상을 잘 보여주는 신빙성 있는 정보이다.

둘째, 신씨가 세상을 뜰 무렵 그녀의 그림은 병풍과 족자로 꾸며져 많은 사람들의 집에 소장되어 있었다. 이는 신씨가 생전에 상당한 인기를 누린 화가였음을 보여주는 것이다. 신씨는 이렇듯 많은 그림을 제작하느라 상당히 수고스러웠을 것이며, 이에 따른 모종의 경제적 보상도 받았을 것이라 추정된다.

셋째, 오늘날 우리에게 신사임당의 대표작으로 알려져 있는 '초충도'라는 종목의 그림은 신씨 생전의 그림 평가에 거론되지 않았으며, 아들인 이이도 초충도는 말하지 않았다.

어숙권은 『패관잡기』에서 조선 전기 양반사대부 출신의 산수화가 세 명을 꼽으면서 신씨를 그 중 한 명으로 들었다. 그 내용은, 이이가 쓴 행장과 유사하게, 산수와 포도가 '절묘'하고, '안견에 버금간다'는 평가이다. 여기서 어숙권이 덧붙인 "아, 어찌 부인의 필치라고 소홀히 할 것이며, 또 어찌 부인의 할 일이 아니라고 책망할 것인가?"[6]라는 표현은 눈여겨 볼 부분이다. 이 말은 신씨의 그림 제작이 그 시절 사회적 통념에서 벗어나는 행위였고, 당시 일부의 사람들은 여성의 필치라 얕보거나 여성이 할 일이 아니라고 힐난했다는 개연적 상황을 알려주기 때문이다.

신씨는 화가로서의 전문적 능력을 확보하고 예술가로서의 제작 행위를 실천함으로써 시대를 앞서간 여성이었음이 분명하다.

사라진 신씨의 산수화

신씨의 산수화는 징녕 어떠한 화면의 그림이었을까?

오늘날 신씨의 산수화로는 그림이 다 지워진 족자만 전할 뿐이다. 개인이 소장한 이 족자 두 폭은 크기가 '몇 자'에 이를 만큼 그

신사임당, 〈산수화〉(비단에 수묵, 좌 97.5x67.2cm, 우 98.2x66.7cm, 개인 소장)
사임당의 산수화라 전하지만 안타깝게도 그림이 지워져 있다. 다만 한 폭에 소세양 시의 흔적이 남아
있다. 아래에는 이경석의 발문이 적혀 있다. 화폭 오른쪽 위에 인장이 찍혀 있는데, 네 글자 중에 동양
東陽 두 글자만 보인다.

규모가 크고, 소세양의 제화시가 적혀 있다. 16세기 전반에 신씨가 그린 신수화로 진작일 가능성이 매우 높다. 그러나 그림이 지워져 있어 안타까울 뿐이다.

한편 오늘날 신씨의 산수화라고 알려져 있는 그림은 국립중앙박물관이 소장한 〈이곡산수병二曲山水屛〉이다. 이 두 폭의 산수화는 '전칭작傳稱作'이다. 즉 신사임당의 그림으로 전해진다는 의미이다. 또한 그 화풍을 보면, 짙고 굵은 필선이 거칠게 바위를 그리고 있으니 16세기 문헌에서 칭송하던 안견의 화풍이 아니다. 그림의 크기도 몇 자에 이르는 규모가 아니다.

포도 그림의 경우를 살펴보면, 오늘날 신사임당이 그렸다고 주장하는 수묵화들이 여기저기 전한다. 삼성리움에 있는 18세기 시인 이병연李秉淵의 시가 붙은 〈포도도〉, 간송미술관에서 신사임당 작으로 소개하는 〈포도도〉가 가장 널리 알려진 작품들이다. 그러나 이 그림들은 작은 화면에 두어 송이 포도가 다소 도식적으로 그려져 있다. '신이함이 엉겨 조화로움이 묘하니, 붓질로 빼앗아 참된 생기가 발하네'라고 한 정유길의 칭송을 확인하기는 어렵다.

정리해 보자면, 조선 시대 16세기 전반의 여성화가 신씨는 고전적인 화풍의 산수화와 생기 넘치는 포도 그림을 잘 그린 '숙련된' 화가였으며, 고위 관료들이 거듭 칭송할 만큼 '인기 있는' 화가였다. 그러나 16세기 초에 그려진 신씨의 산수화와 포도 그림은 전하지 않고 있다. 신씨의 '묘한 생각과 기이한 솜씨'로 그려진 작품, 즉 그 예술적 성취의 실상을 우리는 찾아보기 어렵다.

전傳 신사임당, 〈이곡산수병〉(종이에 옅은 설색, 34.8x63.3cm, 국립중앙박물관 소장)

송시열이 칭송한 자그마한 원추리 그림

신씨의 아들 이이가 16세기 말, 49세의 나이로 세상을 떠난 뒤, 17세기에 접어들면서 신씨 그림의 위상은 다른 국면을 맞는다. 이이의 학설을 떠받드는 학자들이 생기면서 이이의 어머니 신씨의 사회적 위상과 정체성이 바뀌었기 때문이다.

그림을 잘 그려서 유명했던 '신씨'는 대학자 율곡 이이의 어머니인 '신부인', '율곡모부인' 혹은 '신사임당'으로 그 위상이 바뀌었다. '뛰어난 화가'에서 '훌륭한 어머니'로 정체성이 바뀐 양상에 대해 오늘날의 진보 여성학자들은 당시 일부 지식 집단의 프로젝트였다고 신랄한 해석을 가하고 있다.[7] 여성 화가 신씨의 정체성이 이렇게 변화한 점을 파악하는 것은 그녀의 그림 해석에도 중요한 열쇠가 된다.

17세기 문헌에서 언급되는 신사임당의 그림에 대한 내용을 정리한 〈표 2〉를 살펴보면, '신씨'라는 호칭은 사라지고 '신부인申夫人'이라는 호칭이 주로 사용된 것을 볼 수 있다.

17세기 문헌에 기록된 신부인의 그림 주제는 산수, 난, 초충 등으로 다양하다. 17세기 초반의 기록은 16세기의 평가를 반영하듯, 최립崔岦, 이정구李廷龜, 김집金集 등이 이이의 「선비행장」과 어숙권의 『패관잡기』에서 언급된 내용을 거듭 보여주고 있다. 이이와 친밀했던 최립은 동양 부인 신씨의 유적이 세상에 많이 전한다는 사실을 다시 밝혔다.[8] 한편 박미朴瀰는 이항복李恒福의 말을 빌려, 신

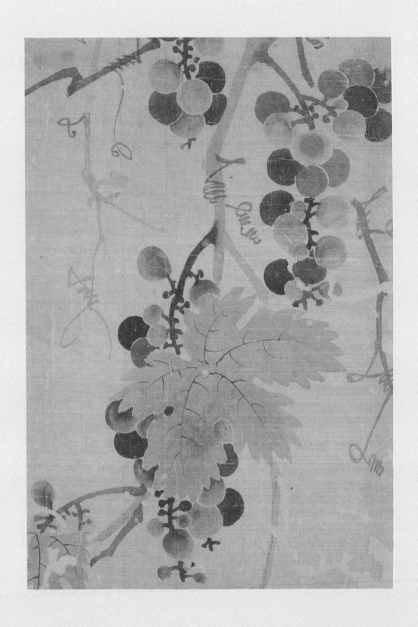

전 신사임당, 〈포도도〉(종이에 수묵, 31.5x21.7cm, 간송미술관 소장)
사임당이 그렸다고 전해지는 수묵 포도 그림으로, 5만 원 권 지폐의 앞부분에도 〈포도도〉의 일부가 담겨 있다. 하지만 사임당의 포도 그림은 생기가 넘친다는 당대의 평가를 고려하면 상당히 도식적이며, 사임당의 진작으로 보기 어렵다.

부인의 묵죽墨竹(먹으로 그린 대나무)은 여성이라 힘이 부족하다고도 하였다.

여기서 유의하여 볼 것은 16세기에 높은 칭송을 들었던 '신씨 산수화'에 가해진 변화이다. 이 변화는 바로 17세기에 발생한 신 씨의 산수화를 둘러싼 격론이었다. 그 내용은 이러하다.

16세기의 소세양이 칭송한 '신씨 산수화'는 '율곡 선생 종증 손'인 이동명李東溟이 소장하게 되었다. 이동명은 17세기의 저명 한 학자들에게 이를 보이고, 새로운 찬사의 시문을 더하여 받고 자 하였다.

〈표 2〉의 이경석李景奭은 이동명이 들고 온 신씨의 산수화를 이 렇게 지극히 칭송하였다.

암자, 초가, 절벽과 다리들이 가물가물한데 그 형상은 털끝을 가려내도록 섬세하다. 어찌 배워서 되었을까. 하늘이 내려 얻은 것이라. 율곡 선생을 낳으심도 하늘이 준 것이니, 천지의 기운이 쌓여진 이를 잉태한 것이 그 이치다. 어찌 조화가 손 안에만 있다고 하겠는가.[9]

그러나 송시열宋時烈의 생각은 달랐다. 송시열은 이동명이 들 고 온 신씨의 산수화를 그의 스승인 율곡 선생 모친의 작품이라 고 인정하고 싶지 않았다. 〈표 2〉에 제시한 송시열의 글을 보면, 중국 송나라 때 위작을 진작이라 여겨 전수한 인물의 사례를 들 며, 위작임에도 선조의 물건이라 받들었던 정신은 훌륭하다는 칭

〈표 2〉 17세기 문헌에 기록된 신사임당의 그림

기록자	출전	글 제목	그림 주제
최립 1539~1612	『간이문집簡易文集』	「주인사상부실이만사人使相副室李挽詞」	미지정
이정구 1564~1635	『월사집月沙集』	「율곡선생시장栗谷先生諡狀」	미지정
김집 1574~1656	『신독재선생유고慎獨齋先生遺稿』	「문성공율곡이선생 묘지명文成公栗谷李先生墓誌銘」	미지정
박미 1592~1645	『분서집汾西集』	「병자란 후 구장한 병풍 족자를 모은 기록(丙子亂後集舊藏屛障記)」	묵죽 *이항복(1556~1618)의 말
이경석 1594~1671	『백헌집白軒集』	「신부인산수도서문(申夫人山水圖跋)」(1661년)	산수(이동명 소장, 소세양 제발의 산수화)
송시열 1607~1689	『송자대전宋子大全』	「신부인화장발申夫人畫障跋」(1676년)	산수(이동명 소장, 소세양 제발의 산수화)
송시열	『송자대전』	「신부인화장발」 다시 씀	산수(이동명 소장, 소세양 제발의 산수화)
송시열	『송자대전』	「신부인 필적에 쓰다(書申夫人筆蹟後)」	그림(미지정)
송시열	『송자대전』	「신부인 필적에 쓰다」 다시 씀	그림(미지정)
송시열	『송자대전』	「사임당이 그린 난 그림에 대한 발문(師任堂畫蘭跋)」(1659년)	난蘭
송시열	『근역서화징權域書畫徵』	「가을 화초·나비 무리의 그림에 대한 발문(秋草群蝶圖跋)」 * 위 「師任堂畫蘭跋」(1659년)과 동일한 글	초충
윤선거 1610~1669	『노서유고魯西遺稿』 속續	「파동기행巴東紀行」(1664년)	난

찬 아닌 칭찬을 교묘하게 적었다. 이로써 이동명이 들고 온 신씨
의 산수화가 진작이 아니라는 부정적 견해를 에둘러 강력하게 표
현한 것이다.

송시열은 이후 사적인 편지에서 좀더 구체적인 이유를 밝혔다.

그것은 그림의 수준이 전문적이고, 그림에 스님이 등장하며, 남성(소세양)이 여성 그림에 발을 쓴 상황 등이었다.[10] 말하자면 성리학자의 종주가 되는 율곡 선생 모친의 그림이 되기 위한 조건에 합당하지 않다고 송시열이 판단했기 때문이다. 이러한 송시열의 위작 판정은 엄연한 역사적 사실에 대한 부정이었고, 당시로서는 작품의 진위를 가리는 격론이었다. 송시열의 발언은 16세기에 인기가 높았던 신씨 산수화의 존재를 무시하고 이를 칭송한 제화시의 내용 일체를 부정하는 어이없는 발언이었다. 그러나 그 발언은 막강한 영향력을 행사하였다.

송시열이 신씨의 산수화를 위작이라 선포한 이후, 조선 시대 문헌 기록에서 사임당의 산수화를 칭송하는 글은 더 이상 등장하지 않았다. 16세기에 높이 평가되고 애호되었던 신씨의 산수화는 17세기 송시열을 위시한 엄격한 성리학자들의 판단 아래 역사의 밑바닥으로 깊숙이 가라앉았다.

한편 송시열이 역사의 수면으로 부상시킨 것은 신부인이 그렸다고 전하는 자그마한 화훼초충류 회화였다. 송시열의 글 「사임당이 그린 난(蘭) 그림에 대한 발문」이 그것이며, 이 역시 이동명이 한양에서 구하여 들고 온 것이었다.

몹시 의아스러운 일은, 『송자대전』에 실린 이 글과 완전히 동일한 내용의 글이 1928년에 오세창이 엮어 펴낸 『근역서화징』에 「가을 화초·나비 무리의 그림에 대한 발문(秋草群蝶圖跋)」이라는 다른 제목으로 실려 있다는 점이다. 같은 글이 〈난초(蘭)〉 그림에 부쳐져 있고, 다시 〈가을 화초·나비 무리(秋草群蝶)〉라는 다른 그림에도 부쳐져 전해지고 있는 이유는 무엇일까?

그것은 〈가을 화초·나비 무리〉라는 그림이 세상에 등장하면서 이 궁금증이 쉽게 풀렸다. 신사임당의 〈원추리와 나비〉[11]가 바로 이 그림이다. 이 작품은 KBS의 '진품명품전'이라는 프로그램에 출품되었고, 진작 판정을 받았다. 지금 여기에서 소개하는 도판은 텔레비전에 출품되기 이전에 소장자가 가지고 있던 그림을 찍은 사진이다.

그렇다면 문제는 간단하다. 송시열이 칭송했던 그림은 '난'이 아니라 바로 '원추리와 나비'가 그려진 화면이었다. 당시 조선에서는 난이 매우 귀하였기에 문인들이 그림 속 원추리를 난으로 간주한 것은 납득할 만하다. 〈표 2〉의 윤선거尹宣擧는 1664년 다시 강릉에서 사임당의 '난' 화첩을 보았다고 하였다.[12] 학자들이 신사임당의 화초 그림에 관심을 가지게 되는 변화의 조짐을 읽을 수 있다.

〈원추리와 나비〉 그림에 부친 송시열의 글(1659년)은 그림에 부친 글이 맞는지 의심스러울 만큼 그림에 대한 구체적 묘사는 한 줄도 없다. 글의 주제는 오로지 율곡 어머니의 인품에 대한 지극한 칭송뿐이다.

이는 돌아가신 찬성贊成 이공李公(이원수)의 부인 신씨가 그린 것이다. 그 손가락 끝에서 나온 것이 오히려 혼연渾然하게 하늘이 이루어낸 듯하여 마치 사람의 힘이 들지 않은 것 같으니, 하물며 오행五行의 정수를 얻

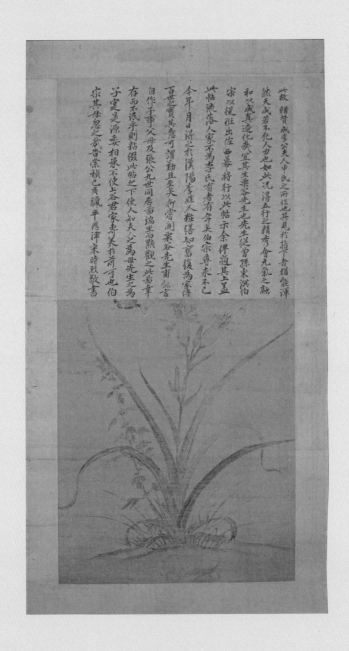

此故贈貲成李公夫人申氏之所作也其昌見於指下者猶能渾

然天成若不死人力也如此況得五行之精秀會元氣之純

和以成其真造化哉宜其令先生從曾孫束深伯

宗以�從出住西幕將行以此帖示余伴題其上蓋

此帖流落人家不為孝氏有者矣伯宗毒亦不已

今年月日滯之於漢陽李姓人推得如鸞復為家

百世之賓其喜可謂勤且至矣卿嘗問栗谷先生甫儒言

自作于軍父母及張公九世間居董瑞卑而黙觀之此當

存西不汚乎則粘綴此帖之下使人知夫人父母之為

子室是源委相承不使上谷君家春矣作前可也伯

宗其先息之孫當崇禎己亥臘平恩津宋時烈敬書

신사임당, 〈원추리와 나비〉(종이에 수묵, 족자, 개인 소장)
1659년 송시열은 「사임당이 그린 난 그림에 대한 발문」에서 신씨의 그림을 극찬하였고, 율곡을 낳음이 마땅하다고까지 칭송하였다. 이를 시작으로 사임당의 초충도에 대한 관심이 쏟아졌다. 하지만 송시열이 극찬한 이 그림은 실은 '난'을 그린 것이 아니라 '원추리'를 그린 그림이었다.

고 원기元氣의 융화가 모여서 진정한 조화를 이룸에랴. 율곡 선생을 낳으심이 마땅하도다.[13]

신씨를 이름난 화가로 만들어준 화목은 산수화나 포도 그림이었거늘, 송시열은 원추리와 나비가 그려진 자그마한 그림을 택하여 사임당의 작품으로 극찬하고 있다. 송시열이 세상에 알리고 싶은 신사임당은 숙련된 기술로 세상에 알려진 화가 신씨가 아니라 대학자의 어머니로서 품격을 갖춘 여성이었기 때문이다. 왜 하필 초충을 택하였는지에 대하여는 이 글의 뒷부분에서 자세히 설명하도록 하겠다.

초충도의 대가로 자리잡은 신사임당

18세기로 접어들면서 노론계 학자들을 중심으로 신사임당의 초충도에 대한 관심이 매우 높아졌다. 이제 산수화나 포도 그림에 관심을 둔 시문은 찾아보기 어려워졌다. 이를 〈표 3〉에서 확인할 수 있다.

2000년 무렵 필자는 정선의 진경산수화眞景山水畵와 관련하여 논문을 준비하며 18세기 초 활동한 노론계 학자들의 문집을 두루 살피고 있었다. 그때 '사임당 초충도'기 종종 등장하는 것이 눈에 띄어 목록을 작성해 두었다. 이후 조선 시대 전체의 기록을 살피고 난 후에 이러한 양상이 18세기 전반기의 노론계 학자들에게서만

기록자	출전	글제목	그림
권상하 1641~1721	『근역서화징』 *송환기,「동유일기」 에 언급	「죽, 오이, 물고기 화첩(瓜魚題竹瓜魚畵帖)」	대나무, 오이(초충), 물고기
정호 1648~1736	『장암집丈巖集』	「사임당의 화첩에 부치다(師任堂畵帖跋)」	초충 (정필동본)
정호	집안에 전하는 기록 *송환기,「동유일기」 에 언급	「송담서원에 소장된 그림병풍 발문(松潭書院 所藏畵屛跋文)」	초충 (송담서원본)
김유 1653~1719	『지암집直菴集』 (신경 저)	「숙부 신성하 선생이 남기신 일(叔父恕菴先生 遺事)」	초충 (정필동본)
송상기 1657~1723	『옥오재집玉吾齋 集』	「사임당 화첩 발문(師任堂畵帖跋)」(1713년)	초충 (정필동본)
김진규 1658~1716	『죽천집竹泉集』	「사임당 초충도 뒤에 부치다(題思任堂草虫圖 後)」(1709년)	초충 (정필동본)
정내주鄭來周 1680~1745	『동계만록東溪漫 錄』	없음	산수 *「선비행장」인용
신정하 1681~1716	『서암집恕庵集』	「정필동이 소장한 사임당 초충도를 노래하다 (鄭掌令宗之必東所藏師任堂草蟲圖歌)」(1711년)	초충 (정필동본)
숙종 1674~1720	『열성어제列聖御 製』	「율곡 모친이 그린 초충병풍의 모사에 부치다 (題模寫先正臣栗谷母所寫草蟲屛風)」(1715년)	초충 (정필동본)
조유수趙裕壽 1663~1741	『후계집后溪集』	「신사임당의 그림 족자에 부치다(題申師任堂 畵障子)」	초충 (정필동본)
어유봉魚有鳳 1672~1744	『기원집杞園集』	「율곡 선생 모부인 신씨의 화첩 뒤에 부치다 (栗谷先生母夫人申氏畵帖後題)」	초충 (정필동본)
채지홍 1683~1741	『봉암집鳳巖集』	「동정기東征記」	미지정 (송담서원본)
강재항 1689~1756	『입재유고立齋遺 稿』	「임영기臨瀛記」	초충 (송담서원본)

기록자	출전	글제목	그림
조귀명 1693~1737	『동계집東谿集』	「의진이 소장한 신부인화첩에 부치다(題宜鎭所藏申夫人畫帖)」	초충 (김연흥가본)
신경 1696~1766	『직암집』	「숙부 신정하 선생이 남기신 일(叔父恕菴先生遺事)」	초충 (정필동본)
신경	『직암집』	「사임당 그림에 쓰다(書師任堂手蹟後)」	초충 (신경 구입본) 초충 (정필동본)
신경	『직암집』	「명인에게 쓰다(與明寅)」	초충 8폭 (오죽헌 소장) 산수 2장 (오죽헌 소장)
권헌權憲 1713~1777	『진명집震冥集』	「이의진의 집에서 사임당 신부인의 그림에 부치다(李君義鎭宅觀師任堂申夫人題畫)」	초충
권헌	『진명집』	「사임당 화첩에 부치다(題師任堂畫帖)」	초충
이선해 1717~1776	『이재난고頤齋亂藁』	없음	초충 (송담서원본)
홍양호洪良漢 1724~1802		「사임당 신씨의 화첩에 부치다(題師任堂申氏畫帖)」	화조, 초충, 산수
송환기 1728~1807	『성담집性潭集』	「사임당 자수 주머니에 발문(師任堂繡囊跋)」	자수 그림
송환기	『성담집』	「동유일기東遊日記」(1781년)	초충 *권상하와 정호의 발문
황윤석 1729~1791	『이재난고』	없음	초충, 산수, 포도
이종휘 1731~1797	『수산집修山集』	「모란병기牡丹屛記」	초충
이긍익 1736~1806	『연려실기술』	「문예전고文藝典故」 화가편	초충, 포도

벌어졌던 특이한 문화 현상이라는 사실을 알게 되었다.

한마디로 18세기에 거론된 신사임당은 초충화의 대가였다. 신사임당의 초충도에 대한 증폭된 관심은 18세기 국왕 숙종肅宗으로 이어졌다. 18세기 후반에 이르면 〈표 3〉의 이종휘李鍾徽와 이긍익 李肯翊의 글처럼 사임당과 관련하여 간단하게 언급된 자리마다 그녀의 대표작은 '산수'가 아닌 '초충'으로 정착되었다.

18세기 전반기 학자들이 가장 많이 언급한 '사임당 초충도'는 〈표 3〉에서 보듯이 '정필동鄭必東의 소장본'이다. 정필동은 양양에서 고을 원님으로 지내며 강릉에 거하는 신사임당의 친척으로부터 7폭의 초충도를 구하였다. 여기에 한 폭을 더해 8폭의 병풍으로 꾸미고자, 대제학을 지낸 김진규金鎭圭와 김유金楺에게 발문을 받았다. 또한 시문에 뛰어난 신정하申靖夏에게 장편시를 받았다.[14] 〈표 3〉에서 확인할 수 있듯이, 신정하는 7폭 초충도의 내용을 한 폭 한 폭 묘사하는 시를 남겼다.

송상기宋相琦는 어려서 들은 이야기라며, 신사임당의 초충 한 폭을 닭이 쪼아 병풍이 손상된 일을 기록으로 전해준다.[15] 신사임당의 초충도에 대한 송상기의 18세기 기록에 따르면, 신사임당의 초충도로 전해지는 그림이 일찍이 있었으나, 16세기와 17세기 남성 문인들에게 감상의 시문을 남기게 할 만한 대상이 아니었고, 다만 흥미진진한 일화로 집안에서 구전되고 있었던 것으로 보인다. 이러한 정황들을 고려하면, 적어도 18세기 초에 한양에서 감상되던 '정필동 소장본 7폭 초충도'(이하 정필동본)는 사임당이 그린 진작이었을 가능성이 높다.

오직 풀(草)이요 벌레(蟲)거늘,

모습이 매우 유사하구나.

부인이 묘사한 것이

어찌 이렇게 오묘한가?

이에 모사하여,

병풍屛風을 만들어 궁전宮殿에 두겠다.

애석하구나! 한 폭이 빠졌으니,

중첩하여 모사할 뿐이다.

채색으로 베풀어

이에 더욱 아름다워라.

그 화법은 어떠하냐,

무골無骨이 이뿐이라.[16]

  국왕 숙종은 8폭으로 개장된 '정필동본'을 보고 이와 같은 어
제시御題詩를 지으며 사임당의 진작을 감상하였다. 그림의 특성은
숙종이 시에서 읊었듯이 '채색彩色'과 '무골無骨(꽃과 새 등을 그릴 때
윤곽선을 사용하지 않는 법)'의 기법이다. 이미 김진규가 이러한 채색
기법을 칭송하였다. 숙종은 이 병풍이 매우 낡았으니 궁정의 화원
화가에게 모사하도록 하였다. 그러나 오늘날 '정필동본'과 궁전의
모사본 모두 그 행방은 찾을 수 없다.

갑자기 등장하는 '사임당 초충도'들

18세기에는 신사임당 초충도가 여기저기서 등장하였다. '정필동본' 다음으로 많이 언급된 것이 '송담서원松潭書院'에 소장된 8폭 초충도였다. 금강산을 유람한 노론계 문사들은 강원도 강릉의 송담서원에 들러 참배하고 이 그림을 감상하였다. 〈표 3〉의 정호鄭澔, 강재항姜再恒, 채지홍蔡之洪, 송환기宋煥箕 등이 모두 '송담서원 소장본 8폭 초충도'(이하 송담서원본)를 언급하였다. 송환기는 1781년 가을 금강산 유람을 기록한 「동유일기東遊日記」에서 강릉에 들러 송담서원의 신사임당 그림을 보았더니, 권상하權尙夏와 정호의 발문이 적혀 있었다고 했다.[17] 〈표 3〉의 권상하의 글과 정호의 글은 그들의 문집에서는 찾아볼 수 없지만, 앞의 송환기의 기록으로 18세기 '송담서원본'에 적혀 있었다는 것을 알 수 있기에 〈표 3〉에 넣었다. 정호의 글과 관련 기록에 따르면, 신사임당의 '송담서원본'은 1703년에 서원에 안치되었다고 한다.

〈표 3〉에서 보이는 바와 같이, 대략 1709년에서 1715년에 사이에 정필동본은 한양에서 글을 받았고 숙종이 모사를 하였다. 따라서 신사임당의 초충도는 18세기 초 한양에서는 '정필동본'이, 강릉에서는 '송담서원본'이 각각 이름을 떨치고 있었다. '송담서원본'이 18세기에 유명히였다는 사실은 〈표 3〉의 황윤석黃胤錫의 문집에 실린 황윤석과 이선해李善海의 대화에서도 확인된다. 이선해는 '송담서원본'이 신사임당 진작일 가능성을 제기하였고, 황윤석

은 이를 부정하였다.

한편 신경申曒은 「명인에게 쓰다」는 글에서, 강릉의 오죽헌에 소장된 신사임당 산수도 장자와 초충도 병풍에 대하여 말하였다. 그러나 신경 이외에 오죽헌 소장본을 말한 기록은 찾아볼 수 없으니, 오죽헌에 신사임당의 초충 8폭이 따로 있었다고 판단하기는 어렵다. 신경이 말한 오죽헌 소장본은 가까운 송담서원의 초충도를 지칭했던 것이 아닐까 추정된다. 오늘날 강릉시 오죽헌시립박물관에 신사임당 초충도 8폭의 병풍이 소장되어 있으며, 오죽헌박물관측은 이 그림이 18세기로부터 전래된 '송담서원본'이라고 주장하고 있다.

이 외에 개인들이 소장했던 사임당 8폭 초충도들이 18세기의 문헌에 등장한다. 그 중 중요한 하나가 '신경申曒 구입본'이고, 다른 하나는 '김연흥가본金延興家本'이다.

먼저 '신경 구입본'은 신정하의 조카 신경이 구입한 8폭이다. 신경은 정필동본과 오죽헌에 있는 초충 8폭본을 감상한 글을 남길 만큼 신사임당의 초충도에 관심이 지극한 학자였다. 결국 그는 급매로 나온 신사임당 초충 8폭을 구입했다. 신경은 그가 구입한 본과 정필동본을 비교하며, "이제 이 화첩과 정필동본은 비록 종이 폭의 크기에 차이가 있지만, 그림의 이름과 물상이 동일한 규모로 다르지 않으니, 이것이 부인의 손에서 나온 것에 의심할 것이 없다"고 하였다.[18]

그러나 신경의 이러한 설명은 뭔가 석연치 않다. 그림에 그려진 내용이 비슷하다고 모두 신사임당의 초충도라고 볼 수는 없다. 게다가 당시 '신경이 구입한 본'에 대한 다른 학자들의 기록이 없다. 오로지 구입자 신경의 기록이 그의 문집에 전하고 있을 뿐이다. 신경은 자신이 구입한 8폭도를 다른 학자에게 보이지 않았던 것일까? 아무래도 다른 학자들의 특별한 동의를 받지 못했던 것으로 보인다. 신경이 구입한 그림은 근대기의 수장자들에게 입수되어 병풍으로 다시 꾸며진 모습으로 오늘날 국립중앙박물관에 소장되어 전한다.

다음으로 '김연흥가본'은 조귀명趙龜命의 글에 기록되어 있다. '의진宜鎭'이 소장한 신사임당 '화초花草' 8폭에 조귀명이 글을 부쳤다. 의진은 조귀명의 종형제인 조현명趙顯命의 종손 조의진이다.[19]

조귀명의 글에 따르면, 의진이 소장한 사임당 8폭 병풍은 김연흥의 집에서 나온 것이니 가짜가 아니라고 주장한다. 김연흥은 연흥부원군延興府院君 김제남金悌男을 가리킨다. 이 기록에 따르면, 김제남의 집에서 나온 사임당의 화초 병풍 8폭이 18세기에 풍양 조씨 집안에 들어왔다. 이 병풍은 출처가 소장자보다 흥미롭다는 점에서 '김연흥가본'이라 부르고자 한다. 오늘날 이 그림의 행방은 알 수 없다.

18세기, '사임당 초충도'를 베끼고 또 베꼈다

18세기 문헌에 등장하는 신사임당의 그림은 온통 '초충'으로 관심이 모아졌고, 이러한 관심과 수요에 부응하듯 신사임당 필적의 '초충도' 8폭 시리즈들이 여기저기서 튀어나왔다. '정필동본', '송담서원본', '신경 구입본', '김연홍가본' 등이 대표적인 것들이다. 이것들은 모두 16세기로부터 전래되었다는 출처가 뚜렷하게 기록되어 있으나, 이 기록들은 모두 18세기 문헌에서 처음 등장한다. 그러나 18세기의 기록들을 살펴볼 때, 신사임당의 초충도가 18세기에 날조된 것으로는 보이지 않는다. 다만 16세기에 주목받지 못하고 거론되지 않던 여인의 그림들(혹은 자수의 밑그림으로 그려진 자수 도안)이 송시열의 칭송을 계기로 급작스럽게 주목을 받으면서 발굴되고 모사된 현상으로 판단된다.

아울러 18세기 기록에서 참고할 만한 점은, 신사임당 초충도의 '모본模本(베껴 그린 그림)'과 '안본贋本(가짜 그림)'에 대한 인식이 이미 18세기에 있었다는 사실이다. 우선 '모본'의 제작은 숙종의 시에 명시되었다. 이때 모본을 제작한 화원 화가의 이름은 기록되어 있지 않다. 또한 18세기 세상에 떠도는 신사임당 그림들에 대하여 '대개가 안본多是贋本'이라는 의견이 이미 18세기 기록으로 전하고 있다. 황윤석의 기록으로 소개된 이선해의 판단이 그것이다.[20] 이선해는, 신사임당 자손의 그림들이 사임당 그림으로 불리면서 '안본'이 횡행하고 있는 현상을 설명하였다.

이 글에서는 19세기의 문헌 기록은 다루지 않겠다. 간단히 덧붙이자면 19세기의 문헌 기록에서 신사임당 그림은 주로 매화梅花 그림이다. 수백 년 동안 언급되지 않던 매화 그림으로 19세기의 신사임당을 칭송한 점은 또 다른 각도에서 살펴야 할 회화사적 문제이다.

송시열은 왜 초충도를 선택하였는가

송시열과 18세기 문인들은 왜 초충도의 화가로 신사임당을 추숭하는 데 흔쾌하게 동의하였던 것일까. 한편 16세기에는 왜 신씨의 초충도에 아무도 관심을 가지지 않았던 것일까.

중국 송나라와 원나라에서는 '조충 8폭'이나 '초충 10폭'으로 곤충 그림이 널리 그려졌다. 당시 중국의 학자들은 곤충들이 보여주는 약육강식의 생태를 관찰하면서 인간 사회를 풍자하고 비유하는 의미로 향유되고 있었다.[21] 그러나 시간이 흐르면서 중국의 초충도는 장식적이고 도식적인 그림으로 바뀌어갔다. 조선으로 유입된 것은 원나라 말기에서 명明나라 초기에 널리 그려졌던 장식적인 초충도였다.

조선 전기 문인들은 이암李巖이나 이징李澄 등이 그린 초충도를 기록하고 칭송하였는데, 각 화초나 곤충이 지닌 전통의 상징으로 내용을 읊었을 뿐 인간 사회를 풍자하는 태도는 보여주지 않았다.

한편 신사임당의 산수화에 제화시를 쓴 학자 소세양이 초충과 화초 그림에 부친 제화시들이 있는데, 소세양은 이 그림들에서 어떠한 철학적 사유도 읽지 않았고, 화가 이름도 밝히지 않았다. 소세양이 감상한 초충도는 홍료화紅蓼花(붉은 여뀌), 계관화鷄冠花(맨드

라미), 금앵화金櫻花(장미과 하얀 찔레류), 석류화石榴花(석류꽃) 등의 제목을 지닌 병풍과 족자 그림이었다. 말하자면 16~17세기에 초충이라는 회화 장르가 있었지만 정신적 경지가 담보된 비중 있는 회화 작품으로 인지되지 않았고, 주요한 회화 장르로도 인정되지 않았다. 이러한 상황에서 16세기의 신사임당이, 회화든 자수 도안이든 어떠한 초충도를 그렸다 하더라도 그 시절 남성 학자들이 의미를 두어 기록하지 않았을 가능성이 매우 크다.

17세기 이후로 신사임당의 그림은 아들 이이의 학문적 성과에 힘입어 새로운 관점으로 칭송되었다. 또한 송시열이 신사임당의 원추리 그림을 높이 칭송하면서 신사임당의 초충도가 학자들의 관심 대상이 되었다. 18세기에 부상한 사임당의 초충도는, '성리학자인 율곡 선생의 모친이 그린 초충'이라는 측면에서 그 의미가 부각되기 시작하였다.

그러면 18세기 학자들에게 '초충草蟲'은 어떤 의미로 받아들여졌던 것일까. 송시열의 글을 살펴보면, 작은 풀벌레에게서 온갖 생물이 발휘하는 생의生意, 즉 살아가고자 하는 뜻의 근본을 볼 수 있다고 한 데에서 그 의미를 찾을 수 있다. 다음 구절이 그러하다.

무릇 유학자의 도道는 하늘(天)과 땅(地)으로 부모를 삼는 것이라, 무릇 평생에 하늘과 땅에 간 것이라면, '곤충초목昆蟲草木'까지도 나와 더불어 모두 나의 사랑하는 것들에 둘지라.[22]

성리학자들은 사람이 본래 받은 본성(性)이 하늘의 이치(理)와 같다는 전제를 가진다. 성리학자들은 하늘이 준 본성을 터득하기 위하여 하늘의 이치를 탐구하며, 하늘의 이치는 천지 간의 만물萬物을 관찰함으로써 깨닫는다. 만물 가운데 '초충' 즉 풀벌레는 가장 작은 것이기에, 만물 중 미물微物(아주 작은 것)이며 말단이다. 따라서 율곡 선생의 모친이 초충에까지 관찰과 사랑이 이르러 이를 그렸다는 것은 성리학자들이 보기에 매우 바람직하고도 품위 있는 주제였던 것이다.

17세기 송시열은 산수화를 부정하고 초충화훼류를 추켜세운다. 이때 송시열이 부정한 것은 산수가 아니라 그림에 그려진 스님이나 도사와 같은 요소였고, 그림을 그린 신사임당이 전문적인 기량을 갖춘 점이었다. 성리학자 송시열이 산수 자체를 부정할 이유는 없다.

초충화목草蟲花木의 주제는 성리학의 사유에서 적극적으로 수용하고 부각시키기에 좋은 주제였다. 김진규는 「사임당 초충도 뒤에 부치다」를 지어, 『시경』의 '초충' 노래를 예로 들며 초충이 담보하는 유가적儒家的 의미를 설명하였다.

이에 따르면, 사임당은 문왕文王의 어머니 태임太任에 비유되며, 가을벌레 울음 속에서 지아비를 그리고 가족을 염려하는 여인의 마음으로 해석된다. 혹은 신사임당의 초충도에서 효심孝心을 찾은 학자들도 있었다. 효는 충의 근본이며 유가적 도덕의 근본이기 때문이다.

정선 또한 초충도를 그리다

18세기에 부상한 '신사임당 초충도'는 성리학자 율곡 선생 모친의 정신과 기운이 담긴 작품으로 새롭게 정의되었다. 그림 속 초충의 의미는 만물을 두루 살피는 인자한 마음의 극치요, 세상을 염려하고 가족을 생각하는 여성의 마음이요, 대학자 율곡을 태생시킨 정신과 기운의 응집이었다. 이렇게 의미를 부여하자 관심 밖에 머물던 16세기의 초충도가 18세기로 불려 나와 부활하였고 유행하면서 다시 제작되었던 것이다.

18세기 신사임당 초충도에 대한 의미 부여와 존중은, 18세기 회화사에서 초충도의 풍성한 제작과 감상을 견인하였다. 나아가 18세기 백자의 문양에 유례없는 초충문의 시문을 이끌어냈다.[23] 또 18세기 초에 활발하게 활동한 산수화가 정선鄭敾 역시 적지 않은 초충도들을 남겼다. 신사임당 초충도의 인기 속에서 정선에게도 초충도가 요구되었던 정황을 엿볼 수 있다.[24]

정선의 〈오이와 개구리〉(간송미술관 소장본)는 신사임당의 초충도 중 '정필동본'의 제1폭을 그리고 있다. "오이 넝쿨 둑에 뻗고 그 아래 두꺼비가 오르려 하네(一幅瓜蔓綠斷塍, 下有蝦蟆來攀登)"라고 신정하가 묘사한 대로 그려져 있다.

정선의 〈여뀌와 두꺼비〉(국립중앙박물관 소장본)는 '정필동본'의 제7폭이 그려져 있는 듯하다. "붉은 여뀌 이리저리 꽃은 무겁고 가지는 가늘어 하늘하늘 수그러져(七幅紅蓼更草草, 花重莖弱垂嫋嫋)"[25] 하는 제7폭의 그림을 담고 있다.

　궁중에서 모사되었던 '정필동본'은 당시 정필동의 소유에서 김주신金柱臣의 소유로 옮겨진 후였다. 숙종이 모사한 이 그림은 김주신에게 돌려졌다. 김주신은 늘그막까지 김창협金昌協과 돈독한 사이였다. 정선은 김창협을 위시한 노론 학자들의 후원을 받으며 그림 활동을 시작한 화가였던 만큼 그 관계가 긴밀하였다. 신사임당 초충도에 칭송과 애정의 글을 남긴 노론 학자들은 그림을 잘 그린 정선에게 신사임당의 것과 같은 초충도를 요구하였을 것이다. 이에 정선은 신사임당 초충도의 화풍을 정성스럽게 그렸다. 정선은 그와 교유한 문인들의 회화적 요구에 놀랍도록 잘 부응하는 진경산수화를 그려 높은 인기를 누렸던 화가였다. 이를 고려해 보면, 정선이 남긴 섬세한 초충도들은 당시 문인들이 바라는 신사임당 초충도의 수준을 반영하고 있다고 판단된다.

　신사임당 초충도라는 주제의 의미와 고전적 초충도의 폭발적 활성화는 18세기 동아시아 회화사에서 볼 때 조선에서만 나타났던 특이한 문화 현상이었다. 이 가운데 16세기 여성 신씨가 오래 단련하여 그려낸 산수화는 조선 후기 학자들의 관심에서 벗어났다. 16세기 한양의 대갓집에 병풍이나 족자로 꾸며져서 보관되며 사랑받던 그녀의 커다란 산수화와 싱싱한 포도 그림들은 어디론가 사라져 버린 것이다.

　오늘날 우리는 신사임당을 아끼면서 그녀가 그렸다고 믿는 자그마한 초충도를 화폐에 새기고 그녀를 존중하려고 한다. 하지만

정선, 〈여뀌와 두꺼비(蓼花蝦蟆圖)〉(국립중앙박물관 소장)
정선은 진경산수화로 유명하지만 초충도도 여럿 남겼다. 이는 당시 노론 학자들의 초충도에 대한 관
심을 반증한다. 정선이 그린 〈여뀌와 두꺼비〉는 '정필동본'의 제7폭 '붉은 여뀌 이리저리 꽃은 무겁고
가지는 가늘어 하늘하늘 수그러져' 하는 대목을 그렸다.

정작 그녀가 세상의 시선을 무릅쓰고 펼쳐낸 특유의 용기와 예술혼은 더 이상 우리가 찾아가기 어려운 미궁 속을 떠돌고 있다.

사임당이 그린 초충도는 전하지 않는다

오늘날 '사임당의 초충도'라고 전해오는 그림들은 헤아릴 수 없이 많다.[26] 그 가운데 중요하게 거론되는 대표 작품은 '동아대박물관 소장 자수병 8폭(8첩 병풍)', '오죽헌시립박물관 소장 초충 8폭(글 두 폭이 더해진 10첩 병풍)' 그리고 '간송미술관 소장 초충 8폭(8폭 화첩)', '국립중앙박물관 소장 8폭(글 두 폭이 더해진 10첩 병풍)'이다.

결론부터 말하자면 이 작품들은 모두 한 사람의 필적이 아니며, 또한 신사임당의 친필도 결코 아니다. 그러나 이 작품들은 학자의 어머니인 신사임당의 정체성을 둘러싸고 생성된 학문적 회화 문화였으며, 18세기 회화 문화를 풍요롭게 했던 '사임당 초충도' 부활의 회화사라는 점에서 매우 특별한 의미를 지닌다.

이제 이 그림들의 실상을 살피고자 한다. 이를 위하여 앞에서 살핀 문헌 기록은 큰 도움이 된다.

숙종이 아낀 '정필동본'을 짐작케 하는 초충도는?
– 현전하는 '동아대박물관 소장 자수병 8폭'과 문헌 속 '정필동본'

18세기 신사임당 초충도를 회화사의 측면에서 논하기 위해서는, 18세기 초 한양의 학자들이 신사임당의 진작으로 공인하였던 '정필동본(정필동 소장본 7폭 초충도)'에서 출발해야 할 것이다.

문헌 기록에 따르면, '정필동본'은 18세기에 이미 8폭 중 한 폭이 누락된 낡은 상태로 강릉에서 유전되던 그림이었고, 표현과 묘사가 수준을 갖춘 채색화였다.

18세기 학자들과 국왕 모두 '정필동본'을 신사임당의 진작으로 인정하며 이 7폭을 어루만졌다. "꽃과 오이가 가지가지 정묘하고, 곤충과 나비가 더욱 좋아 신품이며, 의태가 생동하여 붓으로 그린 것 같지 않으니", "벌레, 나비, 꽃, 열매 등이 형상을 꼭 닮았을 뿐만 아니라 빼어나고 총명한 기운이 산뜻하여 살아있는 듯하니, 속된 화사가 붓을 핥고 먹을 빨아서 도달할 수 있는 수준이 아니로다"라는 18세기 학자 송상기와 김진규의 평가[27]가 이 그림의 수준을 뒷받침해준다.

그러나 '정필동본'은 현재 전하지 않는다. 다만 그 내용을 구체적으로 묘사한 신정하의 시詩가 남아 있는 것이 불행 중 다행이다. 신정하는 시에서 "첫째 폭은 오이 넝쿨 언덕 타고 감겼는데, 그 밑에 온 두꺼비 오르려 하네"라고 묘사하고 있다.[28] 이 구절을 통해 '정필동본'의 첫 화면은 오이와 개구리임을 알 수 있다. 현전하는 주요한 신사임당 초충도들 중 오직 '동아대박물관 소장 자수병 8폭'의 첫 화면에만 오이와 개구리가 그려져 있고, 신정하의 시에서 표현된 '두꺼비 오르려 하네'의 모습이 선명하다. 신정하는 개구리를 두꺼비로 표현한 듯하다.

전 신사임당, 〈초충도수병草蟲圖繡屏〉(각 폭 65.0x 40.0cm, 동아대박물관 소장)
현전하는 가장 오래된 자수 병풍이며, 보물 595호이다. 검은 비단에 풀과 곤충을 수놓아 만든 8폭의
병풍이다. 초충도가 자수 병풍을 수놓기 위한 밑그림으로 널리 사용되었다는 사실을 입증한다.

오죽헌시립박물관과 간송미술관 소장의 초충도는 유사하다

– 현전하는 '오죽헌시립박물관 소장 초충 8폭'과 '간송미술관 소장 초충 8폭'과 문헌 속 '송담서원본'

18세기에 문인들이 금강산을 다녀오며 강원도에 들러 '송담서원본(송담서원 소장본 8폭 초충도)'을 보았다고 하나, 상세한 묘사 기록은 전하는 것이 없고, 18세기 초에 안치되었던 작품은 불타서 사라졌다. 필자가 두해 전에 송담서원을 찾아가 보았더니 그 안에는 현재 '오죽헌시립박물관 소장 초충 8폭'을 베끼어 만든 병풍이 서원의 실내를 장식하고 있었다.

송담서원은 1660년 현종에게 편액을 하사받았고, 1726년에는 묘정비廟庭碑가 세워졌다.[29] 그러나 18세기 후반에 화재가 있었고,[30] 19세기에 다시 화재가 났으며, 고종 때에는 서원 철폐의 피해를 입었다. 오늘날의 송담서원은 20세기에 축조된 것이다.

앞에서 소개한 바와 같이, 18세기 후반의 문인들 사이에서 송담서원에 안치되어 있던 사임당 초충도 8폭이 이미 사임당의 진작이 아니라는 대화가 오갔다. 게다가 서원은 두 차례의 화마를 입었다. 그러나 한양에서 '정필동본'이 왕실에서 모사되었듯이, 강원도 '송담서원본'도 사임당 초충도를 소장하고 싶은 학자들의 요구로 여러 차례 모사되었을 것이다. 오늘날 오죽헌시립박물관이 소장한 초충도 8폭은 송담서원본의 모사본 중 하나임에 분명하다. 오죽헌시립박물관에서는 이 그림이 송담서원에 안치되었던 원본이고 신

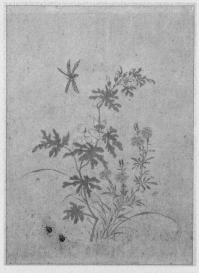 

(좌) 전 신사임당, 〈추규〉(오죽헌시립박물관 소장)
(우) 전 신사임당, 〈추규〉(간송미술관 소장)
오죽헌시립박물관이 소장한 〈추규〉는 간송미술관 소장본에 비해 꽃이 이상할 만큼 작게 그려져 있다.

(좌) 전 신사임당, 〈봉선화〉(오죽헌시립박물관 소장)
(우) 전 신사임당 〈봉선화〉(간송미술관 소장)
간송미술관이 소장한 〈봉선화〉는 꽃송이가 구슬처럼 그려져 있지만, 오죽헌시립박물관 소장본에는 봉
숭아꽃이 제대로 그려져 있다.

* 간송미술관은 해당 초충도의 도판을 외부에 공개하지 않아 선으로 모습을 그렸다.(편집자주)

사임당의 진필이라고 주장하지만, 그러할 가능성은 거의 없다.

여기 흥미로운 증거가 있다. '오죽헌시립박물관 소장 초충 8폭'은 현전하는 '간송미술관 소장 초충 8폭'과 함께 화면의 구성과 내용이 동일한 복제품들이라는 사실이다. 간송미술관은 이 그림이 신사임당의 진작이라고 주장하지만 그럴 가능성은 거의 없다.[31] 이 두 세트의 초충도 8폭을 나란히 놓고 비교하면, 오죽헌시립박물관 소장 초충 8폭과 간송미술관 소장 초충 8폭은 유사하지만 두 본이 직접적인 관계 속에서 제작된 것은 아니다.

그 이유는 두 가지 예로 설명할 수 있다. 하나는 '추규'의 화면이다. 추규는 갈라진 커다란 잎에 황색 꽃이 큼직하게 피는 가을꽃이다. 간송미술관 소장 초충 8폭의 추규가 그 실제 모습에 더 가깝다면 오죽헌시립박물관 소장 초충 8폭의 추규는 배추꽃처럼 작다. 잘못 그려진 것이다. 추규만으로 비교하면, 간송미술관 소장 초충 8폭의 화가가 오죽헌시립박물관 소장 초충 8폭을 보고 그린 것이 아님을 알 수 있다.

그러나 '봉선화(봉숭아)' 화면은 이와 반대이다. 오죽헌시립박물관 소장 초충 8폭의 봉숭아꽃은 제대로 그려져 있지만, 간송미술관 소장 초충 8폭의 봉선화는 구슬알처럼 동그랗다. 이 또한 잘못 그려진 것이다. 봉선화만으로 비교하면, 오죽헌시립박물관 소장 초충 8폭의 화가가 간송미술관 소장 초충 8폭을 보고 그릴 수 없다.

따라서 이 두 본은 모두 유사한 또 다른 신사임당 초충도를 각각 옮겨 그린 그림들이며, 당시에 신사임당의 작품이라고 생각되

(좌) 전 신사임당, 〈가지〉(오죽헌시립박물관 소장)
(우) 전 신사임당, 〈가지〉(동아대박물관 소장)
'오죽헌시립박물관 소장 초충 8폭'에서 보이는 〈가지〉의 삼단색 처리는 '동아대박물관 소장 자수병 8폭'의 〈가지〉와 유사하다. 이는 수를 놓기 위한 수본 도안이 회화로 옮겨졌다는 걸 보여준다.

던 정형화한 모본의 초충도가 이러 저리 거듭 모사되면서 빚어진 그림들 중의 일부이다. 우리는 여기서, 18세기에 간송미술관 소장 초충 8폭과 오죽헌시립박물관 소장 초충 8폭과 같은 구성과 내용의 8폭 세트 초충도들이 적지 않게 제작되었고, 이들이 모두 신사임당의 초충도로 유통되었던 정황을 파악할 수 있다.

한편 '오죽헌시립박물관 소장 초충 8폭' 중 가지의 색채 표현에서는 당시 신사임당 초충도의 제작에서 회화와 자수가 서로 넘나들며 임모된 사실을 알 수 있다. '동아대박물관 소장 자수병 8폭'의 가지를 '오죽헌시립박물관 소장 초충 8폭'의 가지와 비교하

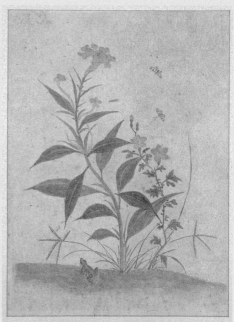

전 신사임당, 〈초충도병풍草蟲圖屛風〉(지본 채색, 각 폭 48.6x35.9cm, 오죽헌시립박물관 소장)
오죽헌시립박물관 소장 초충 8폭은 송담서원본의 모사본 중 하나로 보인다. 18세기에 문인들이 '송담
서원본'을 보았다는 기록이 전해오지만, 당시 이미 위작 논의가 있었다. 또 18세기 초 송담서원에 안치
되었던 작품은 불타서 사라졌다.

면, '오죽헌시립박물관 소장 초충 8폭'의 가지에 세 가지 다른 색이 분리되어 채색된 점이 자수본 색채 표현의 반영임을 포착할 수 있다. 18세기 신사임당의 초충도들이 거듭 베껴 그려지고 또한 자수 작품으로도 제작되면서, 자수의 색채 표현이 다시 회화로 재현되는 매우 이례적인 현상이 발생했던 것이다.

18세기 초 '정필동본'이 서울에서 글을 받고 '송담서원본'이 강릉에 안치되어 감상될 당시, '정필동본'은 가지 화면이 누락된 7폭이었다. 이는 7폭을 묘사한 신정하의 시가 있어 파악할 수 있는 사실이다. '송담서원본'은 가지 화면이 포함된 8폭이었다. 두 본의 양식적 차이는 오늘날 '동아대박물관 소장 자수병 8폭'의 오이 화면과 '오죽헌시립박물관 소장 초충 8폭'의 오이 화면이 보여주는 차이의 정도였으리라 추정된다.

'동아대박물관 소장 자수병 8폭'과 '오죽헌시립박물관 소장 초충 8폭'의 첫 화면인 오이 그림을 비교해 보면, 회화적 표현에서 큰 차이는 없다. 오이 넝쿨이 올라간 곡선과 오이 두 개가 늘어져난 구도가 일정한 틀을 가지고 있다. 이 오이 화면들은 적어도 신사임당이 그렸다고 믿어졌던 정필동본의 7폭 중 제1폭이었다는 점에서 내용과 양식이 상당히 보유되어 전해진 화면이었던 것으로 판단한다. 정선이 그린 〈오이밭 청개구리(瓜田靑蛙)〉 그림도 정필동본의 원형을 상딩히 보유하고 있다.

**차례대로 국립중앙박물관 소장의 〈오이〉, 오죽헌시립
박물관 소장의 〈오이〉, 동아대박물관 소장의 〈오이와
개구리〉**
'국립중앙박물관 소상 8폭'의 〈오이〉 화면은 회화라기
보다는 자수를 위한 도안의 느낌이 강하다. 이는 오죽
헌시립박물관 소장 초충 8폭이나 동아대박물관 소장
자수병 8폭의 〈오이〉와 비교할 때 뚜렷하게 알 수 있다.

'신경 구입 8폭 초충도'는 다른 초충도와 양식이 다르다

― 현전하는 '국립중앙박물관 소장 8폭'과 문헌 속 '신경 구입 8폭 초충도'

오늘날 국립중앙박물관에 전하는 사임당 초충도 8폭(10폭으로 꾸며져 있음)은 18세기 신경이 구입한 8폭 초충도이다. 그런데 '국립중앙박물관 소장 8폭' 중의 〈오이〉 장면을 '동아대박물관 소장 자수병 8폭'이나 '오죽헌시립박물관 소장 초충 8폭'과 비교해 보면, 그 화풍과 양식이 상당히 다른 것을 쉽게 발견할 수 있다. 이러한 차이는 18세기 당시 즉 신경이 이 작품을 구입할 당시 그가 감상했던 '정필동본'과 자신이 구입한 그림의 차이를 말해주는 것이다.

앞에서 소개한 〈오이〉 그림들의 구도를 익히 살핀 독자라면, 한 눈에 '신경 구입 8폭 초충도'는 매우 도안화된 스타일의 초충도라는 사실을 알 수 있을 것이다. 당시 알려져 있던 정필동본이나 송담서원본과 이렇게 다른 스타일의 그림임에도 불구하고, 이 그림을 구입한 신경은 이 그림이 신사임당의 그림이라고 믿었던 사실이 오히려 놀랍다.

'국립중앙박물관 소장 8폭'은 양식사적으로 17세기 후반 즈음 조선에서 제작되던 초충도의 양식이다. 회화작품이라기보다는 정적·대칭적으로 도안화된 수본이 있을 가능성이 매우 크다. 〈가지〉 화면의 가지 하나가 흰색으로 남아 있는 점은 회화로 완성된 작품이 아니라는 사실을 암시한다. 수본으로 그려졌을 가능성이 크다는 뜻이다.

그러나 이 작품은 근대기의 수장가 오세창의 글을 받아 세상에 널리 알려졌고, 이후 박정희 전 대통령이 소장하였다가 국립중앙박물관에 기증하였다.[32] 즉 '대통령의 기증품'이란 화려한 수장 경로로 인하여 20세기 오랜 기간 신사임당 초충도의 대표 이미지로 군림하게 되었다. 혹간 의심이 많은 연구자들은 이 작품이 근대기에 모사된 작품은 아닌가 하는 의심을 하는데, 이 그림의 여기저기에 녹색이나 먹색이 덧칠해진 부분을 살펴보면, 18세기 이후에 다시 만들어진 모사본은 아니라고 판단된다.

'신경 구입 8폭 초충도'는 사임당의 그림이 아니라, 조선 시대 초충도가 전개되면서 조선 후기에 도안화된 양상이다. 이는 대략 17세기 즈음 마련되어 18세기로 유전되고 있었던 스타일의 초충도였던 것으로 보인다. 국립중앙박물관이 소장한 '신경 구입 8폭 초충도'는, 말하자면 18세기 전반기에 신사임당의 초충도 진작이라고 믿어졌던 정필동본이나 송담서원본과 그 양식의 차이가 가장 큰 그림이다.

이쯤에서 눈이 예리한 독자라면 여러 가지 궁금증을 제기할 것이다. '동아대박물관 소장 자수병 8폭'의 〈가지〉와 '국립중앙박물관 소장 8폭'의 〈가지〉의 화면 구성이 어찌 그리 유사하며, 〈원추리〉에 매미가 앉아 있는 장면들이 서로 유사한 까닭은 무엇인가. 정확한 답을 하기는 쉽지 않다. 하지만 동아대박물관 소장 자수병 8폭은 18세기 후반 즈음 제작된 자수 그림이다. 이 자수는

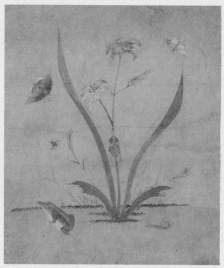

전 신사임당, 〈초충도 8폭〉(국립중앙박물관 소장)
'국립중앙박물관 소장 8폭'은 17세기 후반 즈음 조선에서 제작되던 초충도의 양식을 반영한 작품이다.
신경 구입 8폭 초충도로 알려져 있으며, 오세창의 글을 받아 세상에 알려졌다. 이 역시 신사임당의 진
작은 아니다.

국립중앙박물관의 〈원추리〉

오죽헌시립박물관의 〈원추리〉

동아대박물관의 〈원추리〉

정필동본의 모사본을 밑그림으로 하면서도 당시에 유통되던 수본 도안을 조합했으리라 판단된다. 정필동본은 원래 가지가 없었기에 8폭을 만들며 다른 이미지를 조합할 필요가 있었다. 또한 동아대박물관 소장 자수병 8폭은 자수 작품이기에 당시의 자수본 도안을 참조하여 화면이 조합되었을 가능성이 높다. 〈원추리〉의 화면들이 서로 유사한 것도 그러한 이유이다.

요컨대 '오죽헌시립박물관 소장 초충 8폭'과 '간송미술관 소장 초충 8폭'은 16세기 초충도의 내용과 양식을 많은 부분 보유한 이미지이면서 동시에 18세기 후반에 가장 활발하게 상호 모사된 모사본들이다. 또 '국립중앙박물관 소장 8폭'은 17세기의 도안화라는 변화를 거쳐 18세기로 전달된 스타일의 초충도이다.

가장 유의할 점은 '오죽헌시립박물관 소장 초충 8폭' '간송미술관 소장 초충 8폭' '동아대박물관 소장 자수병 8폭' 모두가 거듭 모사된 과정을 거친 모사본들이라는 사실이다. 이들은 신사임당이 그린 초충도가 존재하던 16세기의 조형 이미지를 어느 정도 간직하고 있겠으나 결론적으로 말하자면, 이들은 사임당의 진작이 아닌, 18세기 그림들이다. 18세기 문인들이 의미를 부여하며 거듭 모사되는 과정에서 정착된 이미지들이다.

2

김장생과 송시열,
신사임당과 이율곡을
재해석하다

이경구

신사임당이 오늘날 높은 평가를 받는 것은 율곡栗谷이 대학자로 추앙되는 과정과 밀접한 연관이 있다. 율곡이 대학자로 자리매김하도록 학문과 행적을 정리한 첫 번째 인물은 율곡의 수제자 김장생金長生이다. 그런데 김장생은 율곡의 어머니인 신사임당에 관해서는 별다른 언급을 하지 않았다. 그러나 김장생의 수제자인 송시열은 신사임당을 '대학자 율곡을 길러낸 현명한 어머니'로 확고히 정착시켰다. 무엇이 이런 차이를 만들게 했을까. 그 과정과 배경을 살펴보자.

　　김장생은 1597년에 율곡에 대한 행장行狀을 썼다. 율곡에 대한 최초의 전기라 할 수 있는데, 이 장편의 글에서 사임당을 본격적으로 소개한 부분은 두 줄 남짓에 불과하다.

신씨申氏는 기묘명현己卯名賢* 신명화의 딸이다. 자질과 천품이 아주 뛰어나 예禮에 익숙하고 시詩에 밝았으며, 옛 여자의 법도를 모르는 것이 없었다.[1]

물론 이 짧은 서술에서도 사임당의 뛰어난 인품과 탁월했던 교양은 잘 드러나 있다. 하지만 남편 이원수에 대한 기술을 보면, 김장생은 사임당만을 특별히 예우하지도 않았다.

감찰공監察公(이원수)은 진실하고 정성스러워 꾸밈이 없다. 마음이 너그럽고 선善을 좋아하여 옛 사람의 풍도가 있었다.[2]

이원수는 사임당이나 율곡에 비한다면 매우 범상한 인물이었다. 후대에도 그에 대한 상찬은 별로 없으며, 있다 해도 의례적이다. 그런 이원수마저 긍정적으로 소개한 것을 보면, 김장생은 이 글에서 스승 율곡의 양친을 고루 예우했다는 느낌이다.

신사임당이 아니라 율곡의 부인 노씨에 주목하다

사실 행장에서 율곡을 제외하고 김장생이 가장 공들여 소개한 인물은 율곡의 부인 노씨였다. 노씨에 대한 시술을 소개하면 다음

---

* 사림파로 활약하다 중종 14년에 일어난 기묘사화로 희생된 조광조 등을 말한다. 신명화는 1516년(중종 11년)에 진사가 되었고, 조광조 일파가 주도한 현량과에 천거되었다. 그러나 벼슬에 나가지 않았기에 기묘사화에 연루되지는 않았다.

과 같다.

선생의 부인은 정경부인 노씨盧氏이다. 명망 있는 가문 출신으로, 아버지
노경린은 종부시 정을 지냈고, 어머니는 김한로의 딸이다. 1541년에 태
어났고, 1557년에 율곡 선생에게 시집왔다.

성품이 어질고 인자하여 군자의 배필로서 어긋남이 없었다. 서모庶母(율
곡의 서모 권씨)를 친어머니처럼 섬겼고, 손위 동서를 정성으로 받들었으
며, 첩들을 은혜로 대우하여 자매처럼 여겼고, 첩의 아들을 자기가 낳은
자식처럼 여겼다. 천한 여종에게조차 한 번도 성내지 않았으니 대개 그
성품이 온화하고 순해서였다.

(율곡이 죽고) 1584년 봄에 선생의 신주를 모시고 해주로 내려가 아침·
저녁 제사를 지내는데, 반드시 두 첩과 함께 정성으로 하였다. 삼년상을
지낸 후에도 매월 초하루와 보름에 곡하며 제사를 드렸다.

제사를 받드는 서자庶子를 성의를 다해 자애롭게 여겼고, 집안 대소사를
모두 주관하게 하고는 자기는 관여하지 않았다. 여러 조카들도 자기 자
식처럼 잘 돌보았는데 종손에게는 더욱 돈독하였다. 파주 땅에서 나는
곡식으로 제사 비용을 삼고, 친척을 대우하고 이웃을 대접하기를 선생이
살아계실 때처럼 하니, 사람들은 보고 배운 바가 있어서라고들 하였다.

임진왜란 때 왜적이 온다는 소식을 듣고 자식과 조카들에게 말하기를,
"니는 병이 있어 말을 탈 수 없는데다가 왜적들이 온 나라에 들어쳤으니
갈 곳이 없다. 타향을 전전하다 죽느니 차라리 파주의 산소 옆에서 죽는
게 낫겠다. 내 뜻이 결정되었으니 너희들이나 내 걱정 말고 왜적을 피했

파주 법원리에 있는 율곡 부부 묘
파주의 이이 유적지에는 율곡 이이를 배향한 자운서원, 율곡과 신사임당 묘소를 포함한 가족 묘역이
있다. 자운서원의 내력을 기록한 묘정비, 율곡을 기리는 신도비가 세워져 있다.

다가 나중에 난리가 끝나면 내 뼈를 산소 옆에 묻어다오"라고 하였다. 자식과 조카들이 그리 할 수 없다 하자, 부인이 웃으며 말하길, "너희들은 내 죽음을 어렵게 여길 필요 없다. 내가 모시던 분이 돌아가신 지 벌써 8년이니 내 목숨이 모질지 않느냐. 게다가 큰 난리까지 났는데 산소 옆에서 죽지 않고 구차스럽게 살려고 하는 것이 무슨 의리이겠는가. 내 뜻이 결정되었으니 다시 더 말하지 말아라"라고 하였다.

4월 그믐날 임금의 수레가 서쪽으로 피난 가자, (율곡의) 신주를 모시고 파주 산소가 있는 곳으로 돌아갔다. 적군이 몰려오는데도 처음의 뜻을 지키고 산소 옆을 떠나지 않았다. 마침내 5월 12일에 적군을 만났는데, 굴복하지 않다가 살해되었다. 임금이 이듬해 조정으로 돌아와 명령을 내려 정려문을 세웠다.[3]

노씨는 비록 비상한 재주를 타고나지는 않았지만 후덕했고, 가문을 잘 이끌어 화합시켰으며, 커다란 화란禍亂 앞에서 강인한 의지와 결단력을 보였다. 분량은 상당하고 내용도 생생하다. 수제자 김장생의 붓을 통해 이상화된 여인은 사임당이 아니라 부인 노씨였다.

김장생은 왜 노씨에게 주목했을까. 몇 가지 이유를 생각할 수 있다. 김장생에게 사임당은 이미 과거의 인물이었다. 그에 비해 김장생이 율곡을 처음 만난 때는 1567년이었으니, 사모師母 노씨의 행적은 충분히 견문했을 터였다.

또 행장의 취지를 감안할 수도 있다. 김장생은 율곡의 학문과

업적을 정리하고 추숭하기 위해 행장을 저술하였다. 행장 가운데 '10만 양병설'을 처음으로 소개하여 율곡을 현인으로 추어올린 이도 그였다. 뛰어난 덕성을 지녔고 장렬하게 운명한 노씨는 이상적인 스승에 걸맞는 부인이었다. 다시 말해 김장생은 이상적인 부덕婦德의 소유자로 노씨를 주목하였고, 사임당은 비록 뛰어난 자질과 재주를 지녔지만, 부덕의 전범으로 부각하려는 인식은 별로 없었다고 할 수 있다.

어머니 신사임당과 부인 노씨의 비중이 역전되다

김장생의 행장 이후 서인 계열의 학자들은 율곡을 추숭하는 일련의 글을 지었다. 1612년에 이정구李廷龜가 시장諡狀을 썼고, 1615년 경에는 이항복李恒福이 신도비명神道碑銘을 썼으며, 1623년 경에 이정구가 묘표墓表를 썼고, 1654년 경에 김집金集이 묘지명墓誌銘을 저술하였다.[4] 행장에서 묘지명까지, 반세기가 넘는 기간에 다양한 글로 행적이 정리된 것이다.

이 글들에서 사임당에 대한 기술은 다음과 같다.

(사임당은) 기묘명현 진사 신명화의 따님이다. 뛰어나고 정숙하며 고금에 널리 통하고 그림을 잘 그리고 글을 잘 지었다. (1612년, 이정구, 시장)[5]

옛날에 진사 신명화가 딸 하나를 대단히 사랑했다. 그녀는 매우 총명하

였고 고금의 글에 통했으며 글을 잘 지었고 그림에도 뛰어났다. 신명화
는 본디 이름난 집안인데다 자기 딸이 빼어난 규수이므로 배우자를 퍽
가렸다. 참찬공(율곡 조부 이천)이 마침내 찬성공(율곡 부친 이원수)을 그
규수에게 장가들였다. (1615년 경, 이항복, 신도비명)[6]

평산 신씨는 기묘명현 진사 신명화의 딸이다. 자질이 뛰어나 경사經史에
널리 통달하였다. (1623년 경, 이정구, 묘표)[7]

평산 신씨는 기묘명현 신명화의 딸이다. 영특하고 정숙했으며 고금에 널
리 통하고 서화書畵에 능했다. (1654년 경, 김집, 묘지명)[8]

　　위 인용문을 보면 이정구의 시장과 묘표, 김집의 묘지명은 김
장생의 서술과 차이가 없다. 굳이 차이를 찾자면 '그림을 잘 그렸
다'는 평가가 들어간 정도이다.
　　다만 이항복의 신도비명은 전형적인 서술에서 벗어나 있다. 다
른 글과 달리 신명화의 속내가 직접적으로 노출되어 퍽 인간적이
기까지 하다. 그런데 이항복의 신도비명은 율곡의 정치, 학문에 대
한 몇몇 표현이 문제가 되어 뒷날 수정되어 율곡의 문집에 실렸
다.[9] 위 인용문은 이항복의 문집인 『백사집白沙集』에 실린 글로서
수정되기 전의 원작이다.
　　그렇다면 원작에 있던 위의 인용문도 수정되었을까? 수정되었
다. 『율곡전서』에 실린 수정본에는 '신명화는 본디 이름난 집안인

이이 신도비
경기도 파주군 자운서원에 있는 이이의 일대기를 기록한 신도비. 1631년(인조 9년) 4월에 건립하였으며, 비문은 이항복이 지었다. 자운서원 경내 좌측 산기슭에 세워져 있다.

데다 자기 딸이 빼어난 규수이므로 배우자를 퍽 가렸다'는 부분이 삭제되었다. 사임당의 부친이 집안을 자랑하고 혼인을 계산하는, 다소 속물스러운 인물로 소개되었기 때문일 터이다.

그렇다면 김장생이 주목했던 노씨에 대한 서술은 어찌되었을까. 이것을 보기 전에 먼저 행장과 나머지 저술들의 전체 분량을 고려해야 한다. 김장생의 행장은 총 분량이 2만 2,000여 자에 달하는 장편이다. 이후 저술은 분량이 축소되었다. 시장은 시호諡號를 요청하기 위해 작성하는데 보통 행장을 요약하므로, 그 분량은 행장의 1/2 정도이다. 신도비명·묘표·묘지명은 묘비墓碑나 묘 안에 넣는 지석誌石 등에 새기는 글이므로 더욱 짧다. 신도비명은 행장

의 1/7, 묘표는 1/20, 묘지명은 1/3 정도의 분량이다.[10]

점점 짧아진 글들에서 노씨에 대한 서술 비중도 줄어들었다. 김장생의 행장에서 꽤 비중 있게 소개되었던 노씨의 행적은 시장에서는 1/2 정도로 줄어들었고, 이후부터는 대폭 축소되어 '온화한 성품과 장렬한 최후를 맞이했다'는 두어 줄로 정리되었다.

한편 노씨에 대한 서술은 대폭 줄어들었지만, 사임당에 대한 서술은 위에서 보듯이 그대로 유지되었다. 결론적으로 행장에 비해 분량이 적은 시장, 신도비명, 묘표, 묘지명에서는 비율에 따라 노씨에 대한 비중은 줄어들었고, 사임당에 대한 비중은 그대로 유지되었다. 결국 두 사람의 비중은 엇비슷해진 것이다.

이상의 비碑·지誌·장狀 등에 나타난 비중의 변화는, 김장생의 수제자인 송시열宋時烈에서 묘한 역전을 보인다. 송시열은 1672년에 2,900여 자 분량의 「자운서원묘정비紫雲書院廟庭碑」를 저술하였다. 이 글에서도 사임당에 대한 소개는 여전하다.

신씨는 기묘명현 신명화의 딸이다. 품성과 조행이 탁월하였으며, 선생(율곡)을 임신해서는 더욱 예로서 몸가짐을 했다.[11]

그렇다면 노씨에 대한 서술은 어떨까.

율곡 선생의 부인 노씨는 임진왜란 때 정절을 온전히 하여 정려되었으니, 또한 선생이 집안을 바르게 이끌었던 단서를 볼 수 있다.[12]

노씨에 대해서는 '후덕한 인품'마저 사라지고 정려 사실만 짧고 건조하게 서술되었는데, 그것도 율곡 덕택이라고 하였다. 명분과 의리를 중시하였고, 임진·병자 양란의 순절자들에 대한 추앙에 앞장섰던 송시열의 평소 관행을 생각하면 퍽 이례적이란 느낌마저 든다.

사임당을 부각시킨 해석자, 율곡의 후예들

김장생은 율곡을 추앙하는 첫 발을 떼었고, 송시열은 그 작업을 마감하였다. 김장생은 사임당보다 노씨에 주목하였고, 송시열은 사임당-율곡의 관계를 더 부각시켰다.

두 사람의 율곡 추앙과 율곡의 모친과 부인에 대한 비중의 역전을 보면, 차이가 나는 점은 오로지 그들을 그렇게 정리한 해석자의 시선뿐이다. 좀 허망할지 모르지만, 우리는 사임당에 대한 생생한 실증보다는 해석자의 상황만을 확인할 수밖에 없다.

이것은 어찌할 도리가 없다. 사임당 본인의 직접 기록은 시 몇 수와 그림 몇 점에 불과하다. 때문에 그녀에 대한 기록들은 대부분 정리자의 필터를 통해 걸러진 것들이다. 사임당을 전하는 최초의 글은 율곡의 어머니에 대한 기록, 즉 「선비행장先妣行狀」이다. 그런데 이 글에서도 우리는 아들 율곡의 시각을 의식하며 독해할 수밖에 없으니, 이후는 말할 것도 없다. 결국 출발 지점은 사임당이 아니라 사임당을 주목하고 부각시킨 율곡의 후예들이다.

〈김장생 초상〉(국립중앙박물관 소장)
김장생은 많은 문인을 길러내 율곡 학파를 굳건하게 뿌리내렸다. 「율곡행장」을 저술하여 율곡의 행적
과 학문을 정리하기도 했다.

다행스럽게도 그 점에서 김장생과 송시열은 충분히 숙고할 거리를 던져놓았다. 그들은 율곡 학맥을 서인-노론에 확고하게 정착시켰던 장본인들이기 때문이다. 그들을 통해 율곡은 퇴계에 버금가는 조선의 대표 학자가 될 수 있었다. 그런데 그들의 율곡 추앙은 정파나 학파의 이익이라는 단순한 이유만은 아니었다. 그 저변에는 임진왜란·병자호란으로 인해 물질적, 정신적으로 피폐해진 조선 사회를 재건해야 한다는 책임감이 깔려 있었다.

오늘날의 율곡을 만들어낸 제자 김장생

선조 초반에 형성된 서인西人들은 노장층이 많았고 관료로서의 성격도 강했다. 그것은 동인東人이 이황, 조식 등 위대한 스승과 학파를 구비한 것과 대비를 이룬다. 서인 내에서 율곡의 위상은 이 점에서 중요하다. 생전의 율곡은 서인에 대한 소속감이 그다지 깊지 않았다. 오히려 그는 사림들이 붕당으로 분열하지 말고, 임금은 동인과 서인을 골고루 등용해야 한다고 주장한 중도적 인물이었다. 그러나 그는 당시 우세를 점하고 있던 동인들에게 비판 받으면서 '친서인' 인사로 점차 규정되었다.

'대통합에 노력했던 율곡'이 '서인의 중추인 율곡'으로 확고해진 것은 오히려 사후의 일이었다. 그리고 서인이 율곡을 추앙할수록 서인의 학문적, 이념적 결속력은 더 강화되었다. 그 변화의 한 가운데에 김장생이 있었다.

율곡의 수제자였던 김장생은 율곡이 이루지 못한 두 가지를 실현하였다. 하나는 율곡 학파를 반석에 올려놓은 일이다. 율곡은 제자들을 길러내긴 했지만 안정적으로 교육에 전념하지는 못했다. 김장생은 그 점에서 달랐다. 그는 과거를 보지 않았고 관직 이력도 변변치 않았다. 대신 그는 충청도 연산에서 오랜 기간 교육에 종사하였다. 그가 거둔 문인은 아들 김집을 비롯하여 송시열, 송준길, 이유태, 장유, 신흠, 조익, 윤순거, 최명길 등 서인 3세대의 중심이 되었다.

　　둘째는 율곡이, 공자·맹자에서 주자朱子로 이어지는 유교의 정통을 계승했다는 도통道統을 확고히 하였다. 김장생은 방대한 분량의 율곡 행장을 저술하였다. 이를 통해 율곡에게 가해졌던 동인들의 정치적, 학문적 비판을 방어하였다. 나아가 당대의 문장가, 정치가였던 이정구, 이항복에게 율곡의 시장과 신도비명을 부탁해 완성시켰다. 율곡이 숙종 초에 문묘에 종사되고 나아가 퇴계에 버금가는 조선 유학의 조종祖宗이 될 수 있었던 바탕에는 김장생의 노력이 있었다.

　　김장생의 노력은 때론 아슬아슬한 경계를 지나기도 했다. 김장생의 율곡 추숭 가운데 후대에 가장 많은 영향을 미쳤고 또 그만큼의 논란을 야기한 것이 이른바 '10만 양병설'이다. 김장생은 율곡이 죽은 후 13년이 지난 1597년에 행장을 썼는데, 그 후반부에 '(율곡이 경연에서) 군대 10만 명을 양성하여 위급한 일에 대비해야 한다. 그렇지 않으면 10년이 못되어 화가 미칠 것이다. 훗날 왜란을 당한 후에 유성룡이 율곡의 주장을 떠올리며 감탄했다'는 내용을 실었다. 이후 이 설이 다양한 율곡 관계 저술에 실리면서 경연 날짜가 고증되었고, 양병의 목적은 왜란을 대비한 것이라는 식으로 굳어졌다. 지금도 율곡의 현명함을 보여주는 국민적 상식으로 널리 통용되고 있다.

그러나 '10만 양병설'은 실증과 개연성 모든 면에서 문제가 많다. 먼저 율곡의 문집과 『선조실록』 등 당대의 기록에는 없다. 문집에 모든 글이나 주장이 실릴 수도 없고, 『선조실록』 또한 부실하거나 편파적인 내용이 있으므로, 실리지 않았다고 해서 양병설이 부정되지는 않는다.

그렇다면 율곡이 양병설을 과연 말했는지에 대한 개연성을 따져봐야 한다. 율곡이 양병설을 주장했던 것은 사실이다. 그러나 일반적으로 유학자들의 양병설은 양민養民을 전제로 주장되었고, 율곡 또한 양민을 양병의 전제조건으로 내세웠다. 또한 율곡이 경연에서 양병설을 말했다는 1583년 전후 국제 정세는 무척 혼란스러웠다. 일본은 1582년 오다 노부나가가 사망하고 토요토미 히데요시가 세력을 다지고 있었으나 그에게 적대적인 다이묘들이 건재했으므로, 신神이 아닌 이상 그들의 앞날을 점칠 수 없었다. 무엇보다 당시 조선의 국방 문제는 함경도 6진 일대에서 1583년에 발발한 여진족 니탕개尼蕩介의 난이었다.*

---

*여진 일족의 우두머리 니탕개가 1583년 함경도의 경원부 일대를 침략한 사건이다. 한때 경원부를 비롯한 6진 일대를 점령하였다. 신립, 이제신 등의 활약으로 진압되었다.

따라서 율곡이 양병을 주장했더라도 대일본 방어가 아니라, 대여진 방어가 중심이었다. 게다가 여진 방어책은 당시 율곡 외에도 많은 이들이 주장하던 바였다.[13]

물론 율곡이 다른 사람들보다 구체적이고 더 강하게 양병책을 주장했을 가능성은 있지만, 그 조건과 구체성을 생략한 채 율곡이 '임진왜란을 예견하여 10만의 양병책을 주장했다'는 것은 김장생과 서인들의 사실 부풀리기에 지나지 않는다. 그러나 이 설의 효과는 확실했다. 율곡의 비상한 애국심과 예지력을 보여주는 신화가 된 것이다. 반면에 경연에서 율곡의 양병책을 비판했다가 훗날 임진왜란을 겪은 후에 율곡을 떠올리며 후회했다는 동인의 지도자 유성룡의 명성은 크게 퇴색하였다.

임란 후 피폐해진 조선을 예로 재건하고자

김장생은 학문에서도 자기 상황을 반영하고 있었다. 율곡 학문의 큰 줄기는 '기발이승일도氣發理乘一途'라는 독창적인 성리설과 당대 사회에 대한 일련의 개혁론으로 추릴 수 있는데, 특히 민생 안정을 도모한 개혁론이야말로 율곡에게 불후의 존경을 부여하였다.

그렇지만 김장생은 50대에 미증유의 충격이었던 임진왜란을 경험하였다. 내부에서 곪아온 제도 개혁에 몰두했던 율곡과는 달리, 그는 피폐해진 사회를 재건하는 일을 급선무로 삼았다.

그렇다면 김장생은 무엇을 강조했을까. 흔히 김장생을 '조선 예학禮學의 태두'라고 평가하듯 그는 예학을 통해 재건에 응답하고 있었다. 이 점은 조금 설명이 필요하다. 사회 운영의 핵심에 대해 유학자들은 일반적으로 민생보다는 명분 질서를 더 중시하는 경향이 있다. 일찍이 공자는, 국가 운영의 요체를 질문하는 제자에게 '군대, 먹을거리, 신의가 중요한데 그 중에서 신의가 으뜸이고, 먹을거리가 다음이며, 군대가 그 다음이다'라고 말하였다.[14] 신의는 명분에 기초하며, 이상적인 명분 질서는 예禮를 통해 구현되었다. 따라서 올바른 예의 실현이야말로 사회 재건의 출발이 아닐 수 없었다.

김장생은 방대한 예학서를 저술하였는데, 그 목적은 주자가 저술했다고 알려진 『주자가례朱子家禮』의 정착이었다. 『주자가례』는 관혼상제冠婚喪祭 즉 성년·혼인·죽음·제사 예절에 해당하는 네 개의 영역으로 구성되어 있으며, 그 영역을 관통하는 원리는 종법宗法이다.

종법은 원래 '적장자嫡長子가 부조父祖를 계승하고, 나머지 자식은 별도로 일가一家를 이룬다'는 『예기禮記』에서 기원하였다. 적자이자 장자가 정통이라는 논리는 고대 중국의 왕위 계승에서 비롯하였다. 말하자면 종법의 핵심은 정통과 비정통을 나누어 계승과 분별을 명확히 하는 것이다. 주자는 『주사가례』를 통해 이 원리를 일반 사회와 가족에까지 확대하였다. 사회와 가족의 질서가 종법이란 명분을 통해 유지되는 것이다.

『가례집람家禮輯覽』 중 도설圖說 부분
김장생은 많은 예서를 저술하여 종법에 기초한 유교 질서를 강조하였다. 사진은 김장생의 대표작 『가례집람』 가운데 절하는 예절을 설명한 『배례도拜禮圖』이다.

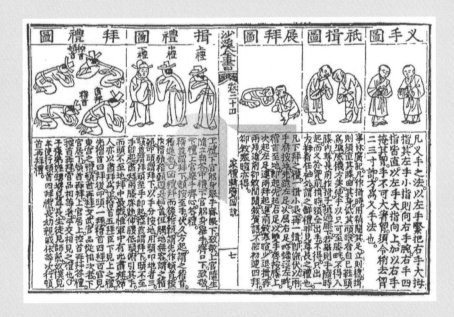

종법을 따르면 적자와 서자, 장자와 나머지, 자식과 딸, 친가와 외가 등이 정통과 비정통으로 확연히 나뉜다. 그리고 그에 따라 생활 자체가 바뀐다. 혼인에서 시가의 비중이 커지고, 재산 상속에서는 딸보다 아들 그리고 아들 중에서도 장자에 대한 상속이 강화되며, 제사가 맏아들에게 집중되었다. 결과적으로 외가·처가의 지위가 하락하였고, 여성(딸) 상속이 축소되었으며, 본관·문중 등 부계 성씨에 기반한 사회 집단이 발달하게 되었다.

이 같은 생활의 변화는 조선에서 16세기 중후반부터 일어났고, 임진왜란 이후에 확고히 정착하였다. 율곡의 집안도 이 변화를 피할 수는 없었다. 우리에게 잘 알려진 율곡의 생가 오죽헌의 소유자는 아들 상속에 익숙한 우리의 통념과는 사뭇 다르다.

오죽헌의 최초 소유자로 알려진 사람은 조선 초기의 최응현이다. 그는 사위 이사온과 딸 최씨에게 이 집을 물려주었다. 그러나 사위 부부에게 물려주었다는 것은 지금식의 표현이고, 정확히 말하면 딸에게 물려준 것이다. 그리고 이사온 부부는 사위 신명화와 딸 이씨에게 물려주었다. 이 부부가 사임당의 양친으로 율곡의 외조부모이다. 이씨는 딸 사임당보다 오래 살았고, 훗날 외손자 율곡과 또 다른 사위 권처균 등에게 재산을 고르게 분배하였다. 이때 오죽헌은 그녀의 사위 권처균의 소유가 되었다. 그러나 권처균 이후부터는 달라졌다. 이때부터 오죽헌은, 1975년까지 대대로 권처균의 자손인 안동 권씨들이 소유하였다.

딸에게 상속했던 오죽헌이 권처균부터 아들 상속으로 바뀐 것은 임진왜란 전후 종법이 뿌리내리면서 생활이 변화하였음을 단적으로 보여준다. 김장생과 같은 예학가들이 그 선두에 있었음은 물론이다.

예학가 김장생의 입장에서 볼 때 사임당은 따로 주목할 만한 게 별로 없었다. 비록 그녀가 뛰어난 재주와 교양 그리고 덕성을 지녔을지라도, 종법의 입장에서 볼 때 시댁을 위해 헌신하거나 종법 질서를 바로잡은 예는 없었다. 정확히 말해 사임당은 그 필요가 절박하지 않았던 시대의 인물이었다. 따라서 김장생이 종법을 먼저 몸소 실천하여 '남편의 제사를 살뜰히 지내고, 종손에게 권리를 넘겨 주자학의 예법을 실천했으며, 죽음에서도 정절을 지킨' 노씨를 더 주목한 것은 어찌 보면 자연스런 일이다.

그런데 사임당에 대한 김장생의 무관심은, 필자의 상상을 보태면, 김장생의 개성도 은연중에 작용했을 법하다. 김장생은, 다방면에 두루 통했던 '재기발랄'한 스승 율곡과 달리, 예학을 집중적으로 파고들었던 성실하지만 다소 노둔한 학자였다. 그의 문집에 시가 단 3수 정도만 실릴 정도로 문학적 소양도 빈약하였다. 그러니 사임당-이매창-이우로 이어지는 율곡 집안의 빛나는 예술 방면의 성취는 애초에 관심 너머의 일이었는지도 모른다.

조선을 시키는 길은 주자학의 실현뿐이라 믿은 송시열

김장생이 예학을 강조한 것은 내부의 기강을 잡아 임진왜란 이후 혼란해진 사회 질서를 바로잡는다는 의도에서였다. 그러나 임진왜란의 상처가 채 아물기도 전에 또 다른 격동이 밀려왔다.

17세기 초에 세워진 후금은 1635년에 국호를 청淸으로 바꾸고 조선에 전격적으로 침입하여 굴복시켰다. 이로서 조선은 오랜 세월 유지했던 명明에 대한 사대를 접게 되었다. 1645년에 청은 북경에 진입하여 중국을 차지했으며, 명은 공식적으로 그 명맥을 다했다.

임진왜란은 미증유의 전란이긴 했지만 조선의 사대부들은 유교문명국 명과 조선이 연합하여 문명권 너머의 오랑캐 일본을 패배시켰다는 자부심을 가질 수 있었다. 그러나 병자호란, 명의 멸망과 청의 중원 장악은 다른 차원의 충격이었다. 이른바 중화(명)와 소중화(조선)로 구성된 유교문명권 자체가 붕괴한 것이다. 그것은 이념상의 충격이었다. 명의 한족漢族이나 조선의 지식인들은 이 충격을 '하늘이 무너지고 땅이 갈라진 사건'으로 부르며 반청反淸 정서를 불태웠다.

청 중심의 사대질서에 강제로 편입된 조선의 유학자들은 유학의 역사 안에서 존재 의의를 재설정하기 시작하였다. 대다수는 조선을 유교 문명의 발판으로 삼아 언젠가 다시 동아시아에 유교 문명이 꽃필 것이라 기대하였다. 이 같은 지향에 사상적으로 가장 철저하게 응답한 사람은 송시열이었다.

핵심은 청과 대치한 조선의 상황을 춘추春秋라는 혼란기에 직면했던 공자, 금-남송이 대치했던 시대에 살았던 주자의 상황에

〈송시열 초상〉(18세기, 국립중앙박물관 소장)
송시열은 주자학에 따라 조선 사회를 재건하고자 하였다. 사임당–율곡 모자를 이상화한 해석 또한 그 연장선에 있었다. 초상화는 그의 압도적 풍모를 잘 나타낸 걸작이다.

일치시키고, 그들의 정신을 본받자는 것이었다. 공자는 힘으로 천하를 호령하는 패자들을 비판하고 정통인 주周의 문화를 되살려야 한다고 역설하였다. 그것이 바로 유명한 춘추의리春秋義理이다. 주자는 주자학을 집대성하여 유학의 새 장을 열었고, 새롭게 정립된 주자학을 통해 오랑캐인 금의 비정통성을 폭로하고 남송의 정통성을 옹호하였다.

공자와 주자가 혼란한 세상에서 유학을 통해 정통을 옹호했듯이, 송시열은 사대질서를 힘으로 재편한 청을 비판하고 유학의 보루인 조선을 지키고자 하였다. 그것을 위해 조선은 주자학의 나라로 철저히 변신해야 했다. 현대인의 시각에서 평가하자면, 이 것은 학문으로서의 주자학이 아니라 이념으로서의 '주자주의'와 가까웠다. 외부의 적대적인 타자他者로서 오랑캐를 설정하고, '유학을 옹호한다'는 명분으로 내부를 일체화시키는 동원 이념이었기 때문이다.

주자학을 철저하게 실현하자고 강조할수록 교조적이고 전체적인 성향이 커졌다. '주자의 일점일획도 고치면 안된다'라는 송시열의 유명한 말은 그 같은 맥락에서 나왔다. 또 전체성이 커질수록 내부의 다양한 견해에 대해 폐쇄성은 커졌다. 그 예로 송시열이, 주자학에 대해 다른 견해를 피력했던 윤휴를 이단으로 몰았던 사실은 유명하다.

상대를 비판하려면 자신은 그만큼 흠결이 없어야 한다. 송시열은 자신이 속한 서인 학파야말로 의리의 체현자가 되길 원했으므

정선, 〈독락정도獨樂亭圖〉(국립중앙박물관 소장)
김상헌의 손자 김수흥이 백악산(현 북악산) 자락에 세운 독락정으로, '장동팔경壯洞八景' 가운데 하나로 꼽힐 정도로 멋진 경치를 자랑한다. 그림은 정선의 『장동팔경첩』에 있다.

로 더욱 철저한 검증을 하였다. 절친한 친구였던 이단상이 상수학 象數學*에 몰두하자, 송시열은 상수학을 하더라도 『소학』의 정신을 잃어서는 안 된다고 강조하였다.[15] 상수학은 자연의 물리 법칙을 중시하는 경향이 있었으므로, 의리와 명분을 중시하는 경향에서 벗어날 수 있기 때문이었다.

명분과 의리를 앞세운 송시열의 '일관되고 전체적인 기준'은 학문 분야에만 국한되지 않고 일상과 정서 등 전 방위에 걸쳐 있었다. 현종, 숙종 대에 영의정을 지냈고 송시열과도 절친했던 김수흥은, 자기가 살던 백악산 뒷산에 독락당獨樂堂이란 아담한 초가 정자를 지은 적이 있었다. 그가 정자를 지은 동기는 다음과 같다.

내 집 뒤로 수십 보를 걸어가면 골짝이 깊고 물이 맑다. 나는 밥 먹은 후에는 매일 지팡이를 끌고 그곳을 한가롭게 거닐며 울창한 기운에 만족하곤 했다. 그런데 무성했던 그늘이 다한 곳에는 쉴 곳이 없었기에, 흥에 겨워 올라갔다가는 창망히 돌아오곤 하였다. 이제 한 간의 초가 정자를 그곳 바위 위에 세우고 시내를 굽어보게 하니, 마치 날아갈 모양새였다. 이에 '홀로 즐긴다(獨樂)'라고 편액하였다.[16]

김수흥은 그저 산수를 감상하고 지친 심신을 달래기 위해 자신이 즐기던 산책로에 정자를 세웠을 뿐이지 별다른 뜻은 없었다. 그

---

* 우주와 현상의 존재와 변화를 상象과 수數를 통해 규명하는 학문이다. 소박한 과학적 인식을 내포하고 있다.

러나 이에 대해 송시열이 쓴 글을 보면 다음과 같다.

> **혹자** 이처럼 어려운 때에 공(김수흥)은 근심하고 슬퍼하기에도 겨를이 없
> 을 터인데, 정자를 '독락정'이라 하여 근심이 없는 듯하니 무슨 이유인
> 가?
>
> **송시열** 공의 근심은 실로 누구보다도 더할 것이다. 그러나 천리天理를 마
> 음속에 보존하고 있으므로 그 마음은 진실로 넓다. 아무리 생사존망의
> 기로에 선다한들 어찌 즐거움을 방해받을 수 있겠는가. 그 같은 이치는
> 남이 잘 알지 못하고 오직 스스로가 알 뿐이니, 그렇다면 이 정자의 이름
> 이 잘 어울리지 않는가. …… 그대가 다만 정자의 이름만을 보고서 판단
> 을 내린다면 의심이 생길 수도 있겠다.[17]

김수흥은 척화론의 대표자 김상헌의 손자이다. 혹자의 질문은
그것을 염두에 둔 것이다. 이 비상한 시국에 척화신의 자손이 어떻
게 홀로 즐길 수 있는가? 송시열의 글은 그 오해를 해명하는 형식
이다. '김수흥의 마음은 그렇지 않다. 그는 천리와 의리에 기반한
대의를 품고 있으므로 주변 상황이 어려워도 오히려 즐거울 수 있
는 것이다. 그 경지를 이름에 담은 것이니 오해하지 말라'는 정도
의 의미이다.

그런데 이 글에서 혹자의 의혹은 사실 송시열이 답변을 위해
설정해놓은 장치이다. 즉 송시열의 속내는 '척화신의 후예라면 정
말로 홀로 즐거워해서, 혹자처럼 생각하는 이들의 의혹을 받아서

는 안 된다. 즐거움조차 의리 위에 있어야 한다'고 생각했는지도 모른다. 그리고 척화신의 후예인 김수홍에게 그처럼 의혹 받는 일은 피하라고 충고하고 있는 것이다.

정서의 순화, 경치 감상과 같은 탈이념적인 행위조차도 이념 속에 강제해 버린 송시열의 방식은 우리에게는 꽤나 불편하다. 그러나 당시에 서인-노론으로 이어지는 정파는 송시열의 노선에 공감한 것이 사실이다. 그것이 서인-노론이 조선 후기 최대의 정파로 성장하고, 송시열이 당시 최고의 이념가로 평가받는 이유이다.

송시열의 기준은 율곡의 어머니였던 사임당이나, 사임당의 후손들에 대해서도 동일하게 관철되었다. 아래는 그가 사임당의 필적에 대해 쓴 글이다.

(신부인의 이 필적을 보니) 위에 율곡 선생이 쓰신 절구가 있어 더욱 보배스럽다. 중우仲羽(소장자 이숙)가 이를 소중하게 배첩하여 길이 전하는 것은 다만 글체의 묘함과 시의 운율만을 취하여 호사가들이 서로 돌려가며 감상하게 하려는 것은 아니다. 자손들은 이 뜻을 깨닫고 반드시 훼손하거나 좀먹게 하지 말라. 생각건대 주자께서는 매양 한번 크게 깨달아 기질을 변화하는 일을 배움의 요체라고 하였다. 이씨의 자손들이 정말로 아래로는 인욕의 더러움에서 벗어나고, 위로는 천리의 고명함에 오르려면 이 그림과 시에서 깊은 취지를 얻어야 할 것이나.[18]

율곡에 대한 공경, 호사가들의 감상에 대한 경계, 인욕을 버리고 천리를 깨달으라는 충고만이 부각되었다. 사임당의 글씨나 율곡의 시는 묘함과 운치를 담은 예술품이 아니라, 의리를 담은 그릇이자 덕성 수양의 방향을 일러주는 나침반일 따름이었다. 송시열의 구상에서 사임당의 예술적 성취는 오로지 주자학의 의리관에 따라 조명되었을 뿐이다.

사임당의 산수화에 대한 송시열의 평가

사임당에 대한 송시열의 평가 가운데 학자들에게 많은 관심을 받은 자료는 사임당의 산수화에 대한 송시열의 편지이다. 이것은 지금 전하지 않는다. 이 편지는 송시열이 70세에 쓴 것으로, 사임당에 대한 자료를 대부분 정리했던 이은상의 저서를 통해 알려졌다.[19] 송시열은 이 편지에서 사임당의 산수화에 대해 자신의 솔직한 소견을 피력했고, 자신보다 128년이나 앞서 그림에 시를 써넣었던 소세양을 신랄하게 비판하였다. 때문에 처음부터 연구자들의 관심과 주목을 받았다.[20] 문제의 편지를 간추리면 다음과 같다.

① 전일 발문을 요청하신 그 족자(사임당의 산수도)를 받았습니다.
② 신申부인은 어진 덕으로 큰 현인을 낳으셨으니, 이것은 후侯부인이 정호·성이 형제를 낳은 것에 비길 만합니다.
③ 후부인의 행장에는 '후부인은 부녀자들이 문장과 필찰筆札을 타인에게 돌리는 것을 매우 그릇되게 여겼다'고 했는데, 신부인의 소견도 그

와 같았을 것입니다. …… (사임당이 자신의 기량을 남에게 보이지 않으려 했으나 시아버지의 명에 따라 어쩔 수 없이 그림을 그렸다는 일화에 대해) 어찌 후부인의 뜻이 아니겠습니까.

④ 이 족자는 마치 그림에 종사하는 자들의 규모와 비슷합니다. (사임당처럼) 우연히 재미삼아 붓을 드는 자의 그림 같지는 않으며, 아마 당시 시아버지의 엄명으로 억지로 그렸을 그림과도 차이가 있습니다.

⑤ 소나무 아래 모자 쓰고 옷 입은 자는 누구인지 분명하지 않은데 소공(소세양)은 곧바로 중이라고 했으니 이는 신부인에게는 더욱 마땅하지 않습니다. 또 남녀구별이 엄격한데 …… 지금 신부인의 인장이 찍힌 곳에 소공이 손수 시를 적으니, 참으로 미안한 일입니다. 또 시 가운데 '꽃다운 마음(芳心)'이니, '기이한 자취(奇蹤)'라고 한 것도 그윽하고 고요한 덕을 노래하는 뜻에는 맞지 않습니다. …… 소공이 어떤 인물인지 모르겠으나 무례하고 공손치 못함이 과연 이럴 수가 있습니까.

⑥ 가령 후부인의 글씨가 있다고 합시다. 정호·정이 형제가 어머니의 뜻을 어겨 남에게 그것을 보이고 시를 쓰게 하지는 않았을 것이니 (사임당의 그림에 시가 쓰인 것이) 의심스럽습니다.

⑦ 이 그림이 과연 신부인이 그렸고 또 소공이 시를 쓴 것도 곡절이 있다 해도 아까 말한 바와 같이 나의 좁은 마음에는 편안하지 않은 바가 있습니다. 바라건대 연유를 가르쳐주셔서 막힌 소견을 열어주시면 발문을 쓰라는 명령을 받들겠습니다.[21]

송시열은 율곡의 동생 이우의 증손자였던 이동명에게 발문을

정선, 〈정문입설도程門立雪圖〉(국립중앙박물관 소장)
정호·정이 형제는 성리학의 기틀을 마련한 대학자이고, 어머니 후부인도 현덕으로 유명하였다. 송시열은 신사임당–율곡 모자를 그들에게 비견하였다. 그림은 정이의 집 마당에서 눈을 맞으며 서 있는 제자들의 모습으로, 이처럼 스승을 공경한다는 뜻의 '정문입설'이란 고사를 남겼다.

부탁받았다.① 그러나 자신이 가진 평소의 견해와 다른 사실을 접하고는 매우 불편하였다. 그림에 소세양의 시가 쓰여진 경위와 시의 내용이 모두 문제였다.

편지를 분석해 보자. 송시열은 사임당을 정호·정이의 모친인 후부인과 동일시하였다.② 형제는 주자의 사조師祖이자 성리학의 토대를 놓은 학자이고, 후부인은 위대한 학자를 낳은 현덕賢德의 소유자다. 사임당–율곡을 그들에 비견한 것은 조선 성리학의 이상적인 모자를 만들려는 동기에서 비롯하였다. 후부인과 사임당의 일거수일투족을 맞출수록 동일시의 효과는 커진다. 남녀의 분별을 엄격히 했던 후부인과 그림을 함부로 남에게 전하지 않았던 사임당의 일화는 두 사람의 현덕을 보여주는 강력한 전거이다.③. ⑥

그런데 문제가 있었다. 소세양의 시가 쓰여 있는 것이다. 송시열은 이런 생각을 했을 법하다. '소세양의 시는 1548년에 쓰여졌는데 이때는 사임당이 생존해 있을 때였다. 남녀의 분별이 엄격한데 그녀의 그림이 어떻게 소세양의 시를 받을 수 있었을까. 이것은 사임당의 전범이라 할 수 있는 후부인과 다르고, 또 사임당 본인의 평소 언행과도 다른 게 아닌가.'

시의 내용은 더 문제였다. 소세양은 사임당이 승려를 그렸다고 단정하였고, 남녀유별을 의식하지 않았으며, 문장 또한 유교의 문학관에 위배되었다.⑤

송시열은 이 그림은 전업 화가의 것이고, 때때로 취미 삼아 그리거나 어버이의 명령으로나 그리는 사임당의 것이 아닐 수도 있

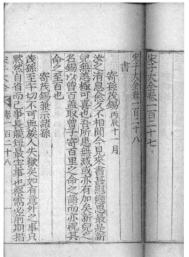

송시열의 시문집 『송자대전』
1787년에 간행되었으며, 215권 102책으로 이뤄져 있다.

다는 가설을 생각했다.ⓘ 그리고 그 곡절을 알아야 발문을 써주겠
다고 했다.ⓖ

송시열의 이 같은 설정은, 적어도 이 그림에 한해서는, 사임당
이 그렸다는 엄연한 사실과 그림의 예술성을 도외시하게 하였다.
대신 자신이 설정해 놓은 교범에 어긋나 있는 산수화의 진위 자체
를 부정하였다. 바로 이 점 때문에 송시열이 '여성의 산수화'를 부
정했으며, 이후 사임당 작품에 대한 초점이 '초충도'로 이동했다는
연구까지 나오게 되었다.[22] 그러나 송시열은 여성의 산수화에는
별 관심이 없었다. 문제는 이 규범을 벗어난 산수화를 어떻게 처
리하는지였다. 만약 그림에 소세양의 시가 없었다면 송시열은 '거

록한 사임당의 의미가 깊은 산수화'로 얼마든지 해석할 수 있었을 것이다. 아무런 문제점도 발견할 수 없었던 사임당의 난초 그림에 대해, 송시열은 유교의 이념을 빌려 칭송한 적도 있었기 때문이다. 이는 유교의 논리를 빌려 사임당의 산수화를 칭찬한 이경석과 비슷한 논리로 이 같은 추정을 뒷받침한다.

아무튼 이 그림에 대한 송시열의 초지일관한 자세는 사임당의 이상화 과정에 손색이 있는 이 그림을 어떻게 처리할지였지, 사임당이 산수화를 그렸다는 사실 여부가 아니었다. 송시열은 이 산수화에서는 사임당의 예술적 성취를 축소하고 진위를 의심하는 방향을 택했다. 이는 예술적 성취를 이념의 종속 변수로 여겼던 송시열에게는 충분히 가능한 일이었다.

뒤에 보겠지만, 송시열은 율곡의 글 가운데서도 엉성해 보이는 것에 대해서는 의문을 달거나 축소하는 일이 종종 있었다. 이 같은 일들은 송시열에게는 사임당-율곡에 대한 실증은 오로지 그들을 유학의 모범으로 만드는 일에 종속되어 있었기에 가능했다.

송시열의 소세양 비판은 문학관의 문제 또한 고려되어야 한다. 원래 쓰여 있던 소세양의 시는 어떠했는가.

시냇물 굽이굽이 산은 첩첩 둘러 있고,
바위 곁에 늙은 나무 감돌아 길이 났네.
숲에는 아지랑이 자욱히 끼었는데,
돛대는 구름 밖에 뵐락 말락 하는구나.

해질 녘에 도인 하나 나무다리 지나가고,

솔막 속에 늙은 중이 한가로이 바둑 두네.

꽃다운 그 마음은 신神과 함께 어울리니,

묘한 생각 맑은 자취 따라 잡기 어려워라.[23]

풍경에 대한 섬세한 묘사가 일품이고 흥취 또한 남다르다. 소
세양은 정교한 이미지 구사와 섬세한 감수성으로 일세를 풍미한
시인이었다. 16세기 중반에 살았던 그는, 도학道學과 명분을 중시
하는 사림파와 달리, 문학에서 감성과 문장의 기교를 중시했던 사

송시열이 강학하던 남간정사
송시열은 흥농서당과 남간정사를 세웠고, 제자들과 학문을 연구하였으며, 병자호란의 치욕을 씻기 위
해 북벌책을 강구하였다. 현재 이곳은 사적 공원화하여 송시열의 문집인 『송자대전』의 목판본을 장판
각에 보관하고 있다.

장파의 일원이었다. 사실 사임당 또한 그러한 분위기에 동조했을 수도 있고, 그 때문에 생전에 소세양의 시를 받을 수 있었을지도 모른다.

그러나 송시열은 재건을 위한 이데올로기로 주자학을 내세워 사회 각 부문은 물론 학문과 예술 분야까지 강력하게 일체화한 인물이었다. 그런 송시열에게 문학 자체의 의미, 미려美麗한 묘사와 섬세한 정서, 사임당의 예술성 따위는 용납되지 않았다.

한 가지 의문이 남을 수 있다. 그래서 송시열은 마침내 발문을 썼을까. 이동명의 해명을 들은 모양인지 송시열은 발문을 썼다. 그런데 의문은 그대로 남았기에 짧게 썼다.

이 그림은 이동명의 집에서 나왔는데, 그의 고조모(사임당)의 유작이라고 한다. 그러나 세대가 오래되어 진짜인지 아닌지는 자세하지 않다. 이동명 집안에서는 그것이 좀먹고 더러워지는 것을 참지 못하여 배첩하여 소중히 보관하려 한다. 이것은, 주周나라의 적도赤刀나 천구天球와 같은 보물이 비록 선왕先王께서 친히 제작하지 않았다 해도 그저 지키는 일이 효도인 것과 같은 의미이다. 그림에 시를 쓴 이는 소세양인데, 선대에 외가였다고 한다.[24]

송시열은 끝내 딜레마를 풀지 못했다. 자신은 진위는 모르겠고, 어찌되었던 자손들은 선조의 유품을 보관하는 게 효도이니 그리하라 했고, 소세양에 대해서는 선대의 친척과 연분이 있다고 하였다.

이 발문으로도 미흡했는지 두 번째 발문도 썼다.[25] 두 번째 발문은 주자의 스승 이연평이나 조선의 명필 황기로 등의 고사를 들어 작품의 진위에 주의하라는 당부로 특별한 내용은 없다.

사임당의 산수화를 평한 이경석의 또 다른 해석

17세기 재건의 임무를 송시열만이 책임진 것은 물론 아니었다. 실무를 중시한 관료들도 있었고, 민생을 중시한 정파도 있었으며, 주자학을 수정하거나 고학古學을 중시하는 학풍 등 다양한 조류가 있었다. 또 주자학의 명분주의 위주로만 세계를 해석하지 않는 경향도 다분했다.

예를 들어 송시열은 중화와 이적, 군자와 소인 등 차별적 질서를 강조하였기에 남녀의 분별을 강조했지만, 남녀는 천지·음양에 짝하여 세계를 구성하는 동등한 요소라는 시각도 유학에서는 얼마든지 가능했다. 다시 말해 유학에서 분별을 강조하는 논리도 있지만, 천리天理는 만물에 보편적으로 부여되어 있으므로, 남녀·신분·종족에 상관없이 모두 하늘로부터 평등한 자질을 받고 태어났다는 주장도 가능했다.

사임당의 산수화에 쓰인 이경석의 서문은 남녀의 분별을 강조한 주장보다 남녀의 동등을 강조한 주장을 대변하였다.[26]

① 돌아보건대 인간이 빼어난 기운을 받아 태어남에 남녀의 차이가 없다. 이 이치를 깨달으면 의지가 만물의 차이에 통달하여 마음이 트이고 조화가 손에 있게 되어 붓을 들어 그리는 것마다 신묘함을 다한다. 이것은 애초에 정신을 쏟고 생각을 허비해서 되는 것이 아니고 자연스럽게 되는 것이다.

② 삼가 신부인의 산수 그림을 보면 구름과 모래가 아득하고 숲에는 연기가 자욱하며 멀리 첩첩한 산봉들, 굽은 물, 긴 모래톱이 솟아나고 둘리고 감돌아, 기이하되 날카롭지 않고 담백하여 여운이 있다. …… 이것이 어찌 배워서 될 수 있겠는가. 하늘이 주어 얻은 것이다.

③ 율곡 선생을 낳으심도 역시 하늘이 주신 것이다. 천진天眞이 쌓여 어진 이를 배었으니 어찌 조화가 손으로 그린 그림에만 있다 하겠는가. 기이하고도 아름답다. ……

④ 소공은 일대의 종장으로 긴 시를 지었으니 길이 전하기에 족하다.[27]

이경석은 어떤 점에서는 소세양, 송시열과 달랐고, 또 어떤 점에서는 두 사람과 같았다. 먼저 그는 소세양을 긍정하였다.④ 따라서 송시열처럼 새로운 구상을 고민할 필요가 없었고, 사임당을 객관적으로 보는 시야를 확보하였으며, 자연스럽게 그녀의 예술성을 긍정하게 되었다. 이렇듯 소세양을 긍정한 것은 16세기 사장파의 문학을 인정한 것으로도 해석될 수 있는데, 이것은 그가 관료로서 비교적 유연한 사고를 지니고 있었기에 가능했던 듯하다.

한편 뛰어난 자질을 부여받은 사임당이 뛰어난 현인 율곡을 낳았다는 지적은③ 송시열과 같다. 이것은 '현덕을 지닌 사임당과 현인 율곡' 관념이 이미 서인들에게 일반화되고 있음을 보여준다.

그렇지만 이경석은 소세양, 송시열과는 다른 견해도 제시하였다. 하늘의 입장에서 인간은 누구나 가능성을 지닌 존재이며, 따라서 사임당과 같은 여인일지라도 전문 분야인 예술에서 성취를 이룰 수 있고, 그 성취야말로 하늘의 보편성을 나타내는 보기라는 인식이다.①, ② 이처럼 천리天理의 보편성을 강조하는 사고는 소세양에게는 부재한 사고이다. 그리고 분별주의에 입각해 명분을 세우고, 남녀, 유학과 이단, 유교 문명과 오랑캐의 차별을 강조한 동시대의 송시열과는 매우 다르다.

이경석과 같은 견해는 병자호란 이후 서인-노론이 명분을 앞세웠을 때는 주류가 되기 어려웠다. 예를 들어 이경석은 병자호란 후에 삼전도비의 비문을 지은 적이 있었다. 개인으로서는 치욕이었지만, 예문관 제학으로 있던 그가 국가의 위기를 나 몰라라 할수는 없었다. 그러나 후대에 명분이 강화될수록 그가 처했던 상황의 불가피함은 인정되지 않았다. 숙종 대에 노론들이 그의 행적을 명분이란 잣대로 비판한 것이 단적인 일례이다.

사임당-율곡에 대한 송시열의 이상화

송시열은 스승 김장생의 뒤를 이어 율곡의 행적을 정리하고 추숭하였다. 또한 율곡을 새로운 차원에서 평가하기 시작하였다. 공

삼전도비
정식 명칭은 '대청황제공덕비大淸皇帝功德碑'이다. 병자호란 당시 남한산성에 있던 인조가 삼전도(지금의 송파구 석촌동)에 마련된 수항단受降壇에서 항복한 사실을 기록하고 있다. 비신의 앞뒷면에 몽골, 만주, 한자어가 새겨져 있다.

자-주자를 계승하는 유학의 적통으로 율곡을 확고히 정초하려는 일이었다. 평소 송시열은 '주자는 공자의 후인이고, 율곡은 주자의 후인이며, 공자를 배우려면 마땅히 율곡에서 시작해야 한다'고 여러 차례 강조하였다.[28] 그리고 과연 율곡이 공자-주자를 잇는 성현이라면 율곡의 저술 또한 오류가 없어야 했다. 송시열의 이 같은 입장은 당시 진행되었던 율곡 문집의 보완 작업에 반영되었다.

송시열이 「자운서원묘정비」를 지은 1672년에 박세채는 『율곡집』의 속집續集, 외집外集, 별집別集을 편찬하기 시작하였다.[29] 이 작업에는 송시열도 함께 참여하였다. 그러나 송시열은 별집에서는 크게 이견을 보였다. 별집에 실린 『태극문답太極問答』은 율곡의 저작이 아닌 듯하고, 성혼이 율곡을 책하는 기사와 율곡이 승려였다는 서술 등은 빼는 게 좋겠다는 등의 이유에서였다. 심지어 송시열은 율곡의 후손에게 인쇄를 위해 글씨를 새긴 판목板木을 부수라고 권유하기도 하였다.[30]

그 중 『태극문답』과 관련해서는 율곡을 대하는 송시열의 입장이 잘 나타나 있다.

『태극문답』은 처음에는 비록 발명한 것은 없으나 그런대로 틀리지 않았다. 그러나 중반 이후는 이치에 어긋나고 문리가 불분명해 입에 올릴 수조차 없는 곳이 있다. 생각건대 율곡 선생께서는 근원을 훤히 꿰뚫고 문장이 묘리가 있으니, 결코 이 같은 병폐가 많지 않을 것이다. …… 정밀하게 살피고 잘 선택하여 만일 전체를 빼버리지 않으려면 그 중에서 정밀한 것만을 가려서 싣고, 제목 아래에 '김문경공(김집)은 이것이 송익필의 저술이라 하였고, 이경림(율곡의 서자)은 율곡 선생의 저술이라 했으니 우선 여기에 기록하고 뒷사람의 결정을 기다린다'고 주석하면 될 것이다.[31]

송시열은 율곡을 대학자이자 문장가로 전제하였으므로 『태극문답』의 진위를 의심하였다. 기준을 단정하고 율곡을 그에 맞추는 논리는 사임당의 산수화를 접했던 자세와 크게 다르지 않다. 그러나 『태극문답』에 대해서는 율곡 아들의 증언이 있었으므로 마냥 부인할 수도 없었다. 난감함에 처한 송시열이 의혹을 병기하여 해결하는 방식 또한 사임당의 작품에 써준 발문과 유사하였다.

송시열이 율곡을 바라보는 자세는 율곡의 가족에게로 확대되었다. 공자-주자를 중심으로 율곡을 배치했듯이, 이번에는 율곡을 중심으로 가족을 배치하였다. 율곡의 동생 이우에 대한 글을 보자.

이공(이우)은 율곡 노선생의 막내 아우이다. 율곡 선생이 예로 집안을 다스리니 공은 형의 영향을 받아 어른들을 받들고 아랫사람을 이끌어 집안을 평온하게 하였다. …… (이우의 거문고 실력 소개) 율곡 선생은 항상 계헌(이우)의 기질은 나와는 비할 바가 아니라고 칭찬하였다. …… (이우의 필법과 시 소개) 세상에서 칭찬한 필법이야말로 반드시 깊은 경지에 이르렀을 터인데, 율곡 선생이 칭찬한 기질은 또 필법에 비할 바가 아니었을 것이다.[32]

이우는 음악, 서예, 시, 그림에 모두 뛰어났다. 송시열은 이 성취를 인정하는 기준으로 율곡의 평가와 칭찬에 기대었다. 율곡을 중심으로 이우를 바라봤던 송시열의 입장은 사임당에 대해서도 마찬가지였다. 송시열은 사임당의 난초 그림, 필적 등에 발문을 썼는데, 그 중 사임당의 예술적 성취를 가장 적극적으로 드러낸 글은 『송자대전』에 실린 「사임당이 그린 난 그림에 대한 발문(師任堂畫蘭跋)」(1659년)이란 글이다.

① 손을 놀려 표현된 것이 혼연하여 자연을 이루니 사람의 힘으로는 이
   같을 수 없다. 하물며 오행의 정수를 얻고 원기를 융화하여 진정한 조
   화를 이룸에랴. 율곡 선생을 낳으심이 당연하다. ……
② 일찍이 듣건대 율곡 선생이 겨우 말을 시작하였을 때 스스로 「자식이
   어버이를 섬기는 그림」과 「장공예(張公藝)*와 아홉 세대가 함께 사는 그
   림」을 그리고 단정하게 앉아 묵묵히 바라보았다고 한다. 만일 그 그림
   들이 다행히 보존되어 지금 이 그림 아래 놓였다면, 사람들은 신부인
   과 율곡 선생이 그 어머니에 그 아들인 것은 참으로 본말이 그러했음
   을 알았을 터이니, 저 후부인의 집안만이 아름다운 이야기를 독차지하
   지는 못했을 것이다.33

송시열은 이번에는 이경석이 산수화에 내해 썼던 표현과 거의

---

*중국 남북조 때의 사람이다. 99세까지 장수하고, 9대가 한집에서 화목하게 살았다는 '구세동거九世同居'라는 고사를 남겼다.

이우, 〈묵포도〉(오죽헌시립박물관 소장)
사임당의 넷째 아들 이우는 거문고, 시詩, 서書, 화畫에 뛰어나 사절四節로 불렸다.

동등하게 사임당의 천부적인 재능을 칭찬하였다. 뛰어난 자질이 결국 율곡의 비범함의 바탕이었다는 수사도 동일하다.

후반부는 율곡을 중심으로 한 사임당 기획의 절정을 보여준다. 만약 율곡의 어릴 적 그림이 남아 있어 사임당의 난초 그림과 함께 놓였더라면 가히 이상적인 모자 관계를 보여줄 것이라고 하였다. 이 부분을 보면 모처럼 칭찬했던 사임당의 예술적 성취는 과연 사임당-율곡 모자의 이상화를 위한 장치였음을 느끼게 한다. 송시열의 철저한 기획이 후부인-정호·정이 형제로 귀결함은 다시 말할 것도 없다.

송시열의 재해석에 대한 우리의 재해석

송시열은 사임당과 그녀의 작품을 유교의 기획에 맞추어 이념적으로 재해석했다고 평가된다. 송시열 이전에 사임당의 작품에 대한 다소 자유스러운 평가가 있었기에, 송시열이 주도했던 해석의 폐쇄성은 더욱 커 보인다. 송시열에 대한 이 같은 비판은 타당한 측면이 있지만 그 비판이 불러오는 반대급부도 충분히 고려하며 이루어져야 한다. 송시열이 예술가 사임당을 축소했다는 비판은, 자칫 또 다른 오해를 불러올 수 있기 때문이다. 그 오해는 사임당을 실제의 맥락 전체와 단절시키고 대신 지금의 '(현대적) 인간 혹은 예술가'와 비슷한 이미지를 투영하는 데서 비롯한다. 그리고 은연중에 사임당은 유학과 별 관련이 없었다거나, 자의식이 강했던 예술인으로 연상하게 된다. 그러나 사임당은 주자학이 정착되던 16세기 중반의 인물로서, 그녀가 생각했던 '인간', '여성', '예술' 등이 모두 유학-주자학의 맥락에서 벗어나기는 힘들다.

사임당에 대한 해석이 빚어낸 오해는 율곡을 실학의 원조로 정리할 때 발생하는 오해와도 흡사하다. 율곡은 주자학의 이상을 실현하기 위한 여러 개혁책을 주장하였다. 율곡에게 주자학과 개혁책은 애초 분리되어 있지 않았다. 그러나 현대의 일부 연구자들은 율곡의 개혁책을 강조하여 그를 실학의 원조로 정의하기도 한다. 실학은 알다시피, 조선 후기에 주자학의 공허(空虛)함을 비판하며 개혁을 제기한 여러 학풍이다. 따라서 율곡과 실학을 연결하면 율곡이 주자학의 이상을 실현하려 했던 근본적인 이유는 사라지고, 대신 율곡과 주자학이 마치 대립점에 서 있는 듯한 이미지가 생겨난다.

결국 사임당에 대한 출발은 그녀의 자의식, 시대의 맥락, 주변 인물의 증언에서 출발해야 한다. 그때에 대부분이 동의할 만한 전제는 이런 것들이다. '사임당이란 호에서 보듯이 그녀는 유학의 이상적인 여성이 되길 바랐다, 16세기 중반은 주자학이 정착하는 시기였다, 사임당에 대한 최초의 기록인 율곡의 정리도 유교의 이상적인 여성으로 기술하고 있다.' 그녀의 자의식이나 미의식이 이 정리를 벗어나기는 힘들 것이다.

그렇다면 송시열의 재해석은 도대체 왜 나오게 된 것일까. 단적으로 말해 '상황'이 판이하게 달라졌기 때문이다. 송시열과 그의

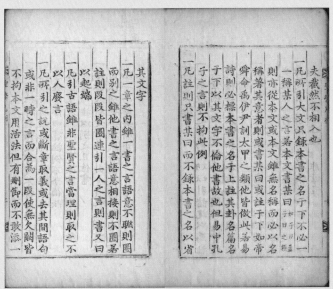

其文字

一凡一章之內雖一書之言語意不聯則圈
而別之雖他書之言意相接則不圈著
註則段段皆圈連引一人之言則書又曰
以起端

一凡引古語雖非聖賢之言當理則取之不
以人廢言

一凡所引之說或斷章取義或去其間語句
或非一時之言而合為一段使無欠闕省
不拘本文用活法但有刪節而不敢添一

夫截然不相入也
一凡所引大文只錄本書之名于下不必一
一稱其人之言著本文書其曰
則亦從本文或本文雖無名稱而必以名
稱著其意者則或書其曰或註于下如帝
舜命禹伊訓太甲之類他皆倣此若
詩則必標本書之名于上註其卦名篇名
于下以其文字不倫他書故也但易中孔
子之言則不拘此例
一凡註則只書其曰而不錄本書之名以省

이이, 「성학집요聖學輯要」(1575년, 국립중앙박물관 소장)
이이가 1575년에 군주의 학문과 도학의 주요 내용을 사서와 육경에서 가려 뽑아 엮은 책이다. 조선의
성리학을 확립한 이이는 이 책의 기본 구성을 『대학』의 기본 이념에 그 바탕을 두었다.

스승 김장생은 율곡의 한두 세대 뒤의 사람들이나 임진왜란, 병자호란, 명의 멸망을 잇달아 경험한 세대였다. 그들은 율곡의 학문을 충실하게 계승했다고 자부하였지만, 율곡이 마주했던 상황마저 계승할 수는 없었고, 율곡의 학문을 자신들의 상황에 맞추었다.

김장생은 임진왜란 이후 흔들린 조선의 사회 질서를 예를 통해 굳건히 하고자 하였다. 송시열은 명이 멸망한 후에 조선에서 주자학을 교조적으로 실현하고자 하였다. 특히 송시열은 공자-주자-율곡을 '의리의 실현자'들로 계보화하였고, 율곡의 학문에서 오류를 거두어내고자 하였다. 사임당에 대한 재해석도 마찬가지 맥락이었다. 사임당의 재능과 성취는 위대한 현인 율곡을 위한 보조 장치였다. 사임당에게서 '16세기에는 자연스러웠던 잔재들'은 말끔히 청소되어야 했다. 사임당의 산수화에 쓰여 있던 소세양의 시에 대해 송시열이 알레르기를 일으켰던 것은 그 때문이었다.

그렇다면 우리가 서야 할 곳은 어디인가. 사임당에 대한 송시열 식의 재해석은 이후에도 계속되었다. 우리는 사임당에 대한 실상實狀을 캐내는 작업 못지않게 해석의 과정도 봐야 한다. 그리고 실상과 해석 사이 어딘가에서 황금비를 찾아야 한다. 그 지점을 제대로 못 찾는다면, 사임당은 다시 '신화화된 해석'에 갇힐 것이다. 신화화된 해석의 다른 말은 '역사 왜곡'이다.

3

아들 율곡과 함께 역사의 길을

-18세기 문헌으로 살핀 신사임당의 이미지

이숙인

신사임당은 1551년, 서울 삼청동의 셋집에서 48세의 나이로 세상을 떠났다. 곧이어 16세의 아들 이이李珥가 「선비행장先妣行狀」을 썼다. 그에 따르면, 사임당은 신申 진사의 둘째 딸로 태어나 유년기부터 경전에 통하고 문장을 지었다. 또 바느질과 자수 실력이 뛰어났을 뿐 아니라 성품과 태도 또한 온화하고 고상했다. 특히 그녀의 부모는 딸을 애지중지하여 혼인 후에도 시집으로 보내지 않고 그들과 함께 살기를 원했다. 혼인 후의 사임당은 주로 친정 강릉에서 살다가 신축년 1541년에 서울로 완전히 돌아와 시집 살림을 주관한다. 그러면 우선 사임당의 성품을 말해주는 「선비행장」의 한 부분으로 들어가 보자.

　　어머니는 서울로 돌아온 뒤 수진방에 살았는데, 연로하신 할머니를 대신하여 어머니가 주부로서 집안 살림을 도맡아 하셨다. 아버지께서는 성품이 활달하여 작은 일에 얽매이지 않아 집안 살림을 돌보지 않으셔서 살림이 넉넉지 못하였다. 어머니께서 살림을 규모 있게 하여 웃어른을 봉양하고 아랫사람을 보살필 수 있었다. 집안 살림을 하면서 혼자 마음대로 처리하시는 일 없이 모든 일을 늘 할머니와 상의하셨다. 할머님 앞에서는 첩이나 여종을 꾸짖지 않았고, 그들을 대할 때도 말씨나 표정을 온화하게 하셨다. 혹 아버지께서 실수를 하시면 반드시 바로잡아 주셨고, 자녀들에게 허물이 있으면 곧바로 꾸짖었다. 거느리는 아랫사람들이 잘못을 저지르면 엄하게 꾸짖으시니, 모두 어머니를 공경하고 받들기를 기쁜 마음으로 하였다.[1]

700여 자로 구성된 율곡의 「선비행장」은 사임당의 역사에서 중요한 자료다. 사임당에 관한 이야기는 대부분 「선비행장」의 내용을 기본 정보로 활용하기 때문이다. 무엇보다 사임당은 조선을 대표하는 화가로 일컬어지는데, 이 또한 생전보다는 사후 100~200년이 지난 후에 더 강조되었다. 그녀가 그림을 잘 그렸다는 사실도 아들 율곡이 쓴 「선비행장」에 나온다.

나의 어머니는 평소에 글씨나 그림 그리는 걸 매우 좋아하셨다. 일곱 살 때부터 안견의 그림을 본으로 삼아 산수도를 그렸는데, 매우 정밀하였다. 특히 포도를 그리면 모두 진짜 같다고들 했는데, 병풍과 족자의 형태로 세상에 많이 전하고 있다.[2]

아들 이이의 「선비행장」을 필두로 사임당에 대한 기억과 재생의 역사가 시작되었다. 그런데 이 자료는 아들의 관점과 아들의 기억으로 구성되었다는 점을 염두에 둘 필요가 있다. 아들이 쓴 어머니 이야기는 객관적인 사실들과 차이가 날 수 있기 때문이다.

사임당이 떠난 지 30년 뒤에 아들 율곡도 세상을 떠났다. 이후에 그녀는 다시 역사의 무대에 등장하는데, 아들 율곡과 함께 그 길을 걷게 된 것이다. 먼저 사임당은 아들 율곡의 문인들이 펼친 '율곡 서술'을 통해 역사의 조명을 받는다.

그녀 사후, 진정한 의미의 역사가 시작되다

율곡이 세상을 떠난 지 13년 후, 문인 김장생金長生은 「율곡행장」을 썼다. 이 행장에서 사임당에 관한 사실들은 '율곡의 문인들'의 요구에 맞게 빠지거나 보태지는 방식으로 윤색되었다.

예컨대 율곡은 그 어머니의 행장에서 '그림에 능해 여러 편의 작품을 남겼다'고 했지만, 김장생에게 그 사실은 중요하지 않았다. 이에 김장생은 율곡의 행장을 쓰면서 그 어머니가 그림을 잘 그렸다는 사실을 삭제한다. 대신에 사임당이 용꿈을 꾸고 아들 율곡을 낳았다는 이야기를 새로 넣는다.

신씨는 기묘명현 명화命和의 딸로, 타고난 바탕이 매우 남달라 예禮에 익숙하고 시詩에 밝아 옛 여인의 규범을 모르는 것이 없었다. 선생은 병신

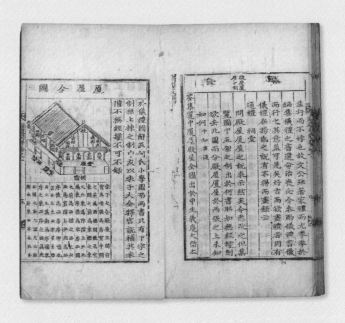

「의례문해疑禮問解」(1792년, 국립중앙박물관 소장)
조선 중기 예학의 대가 김장생이 평소 제자나 벗들과 예에 관해 문답한 것을 아들 김집이 정리하여 엮
었다. 4권 4책 목판본으로 상례와 제례를 중심으로 관례와 혼례에 관한 내용이 실려 있는데, 경전에
나오지 않은 여러 변칙적인 사례인 변례變禮를 실었다.

년 12월 26일, 관동 임영의 북평촌에서 태어났다. 선생이 태어날 때, 신씨 부인의 꿈에 용이 아이를 품안에 안겨 주었던 까닭에 어렸을 때 이름을 현룡見龍이라 하였다.[3]

즉 이전의 자료 어디에도 율곡의 태몽이 용이었다는 기록은 없다. 김장생이 처음으로 용과 율곡을 결부시키는 담론을 제시한 것이다. 김장생은 제자들에게 율곡이야말로 '조선 성리학의 종지宗旨을 얻은 단 한 분'임을 강조하였다.[4] 그는 율곡이 세상을 떠나자 "상복을 입었고, 기일忌日마다 재계하고 소식素食했으며, 율곡 선생의 아들 보기를 자기의 아들처럼 하였다."[5] 그리고 율곡의 서녀를 자신의 아들 김집金集의 측실로 맞이하였다.[6]

율곡이 존숭되고 선양될수록 신사임당은 그 아들의 어머니에 걸맞은 모습으로 구성되어 갔다. 세상을 떠난 지 반세기가 지나 17세기에 접어든 사임당은 율곡을 종주宗主로 하는 서인들에게 매우 중요한 인물이 되었다. 율곡을 서술하는 과정에서 그 어머니 사임당의 존재를 거론하지 않을 수 없었던 것이다. 그런데 '사임당의 무엇을 부각시키고 무엇을 약화시킬 것인가' 하는 것은 사람들마다 조금씩 달랐다.

우선 사임당이 화가라는 사실을 중요하게 여긴 사람이 있는가 하면 그렇지 않은 사람도 있다. 이정구李廷龜·이항복李恒福·김집은 사임당의 글과 그림 실력을 강조하였지만, 김장생은 그림에 대한 언급은 하지 않았다. 그리고 김장생이 용 태몽 이야기를 언급한 이후 '율곡과 용'의 연관은 점차 사실로 자리를 잡아간다.

이정구는 "선생을 낳으려는 날 저녁, 신씨 부인의 꿈에 흑룡이 바다에서 뛰쳐나와 침실로 날아 들어왔다. 선생의 어릴 때 자字를 현룡이라 한 것은 이 때문"이라고 하였다. 이항복도 "신씨 부인이 임신하였는데, 꿈에 바다의 용이 방으로 날아 들어와 아이를 안다가 부인의 품속에 안겨주었는데, 곧 아들을 낳았다"[7]고 하였다. 1654년에 김집은 「율곡선생묘지명」에서 "흑룡이 침실에 날아드는 꿈을 꾼 후 율곡을 낳았다"[8]고 하였다. 또 1672년 송시열은 "부인이 임신을 하자 더욱 예禮를 다하였는데, 찬란한 무늬의 신룡神龍이 침실로 날아 들어오는 꿈을 꾸었고, 선생이 태어났다"[9]고 하였다.

김장생에서 시작된 용은 이정구와 김집에서 '흑룡黑龍'으로 바뀌고, 송시열에 오면 '신룡神龍'으로 바뀐다. 이러한 잉태 담론은 율곡에 대한 신비감을 더해 주는 것일 뿐 아니라 그 어머니 사임당과의 관계를 밀착시키는 역할을 한다.

무엇보다 신사임당을 역사적 인물로 만든 최고의 공로자는 송시열宋時烈이다. 송시열의 사임당 이야기는 그녀가 그렸다는 난초 그림과 산수화 등을 매개로 펼쳐졌다. 난초 그림에 대한 발문 「사임당이 그린 난 그림에 대한 발문(師任堂畵蘭跋)」은 송시열의 나이 53세 때인 1659년 섣달에 나왔다.

이것은 고 증찬성贈贊成 이공 부인 신씨의 작품이다. 그 손가락 밑에서

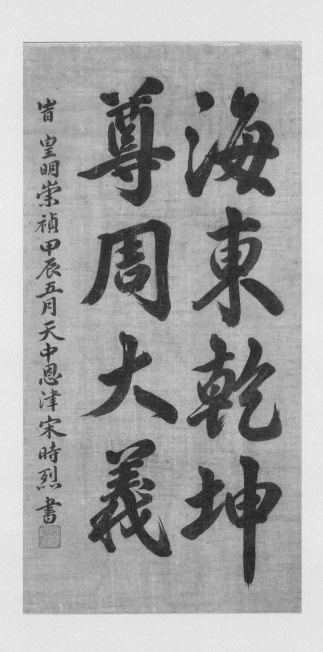

송시열, 「해동의 하늘과 땅(海東乾坤 尊周大義)」, (1664년, 국립중앙박물관 소장)
송시열은 17세기 조선의 강건한 글씨풍을 주도하였다. 글은 '해동(조선)의 하늘과 땅 모두 중국 요순
시대의 태평성대를 이어받은 이상적 국가 주나라의 대의를 높이 받들라'는 내용이다.

표현된 것으로도 혼연히 자연을 이루어 사람의 힘을 빌려 된 것은 아닌 것 같은데, 하물며 오행五行의 정수를 얻고 또 천지의 기운을 모아 참 조화를 이룸에는 어떠하겠는가? 과연 그 율곡 선생을 낳으심이 당연하다.[10]

송시열은 사임당의 그림은 단순한 솜씨나 기교가 아닌 보다 높고 깊은 예술성과 정신세계를 묘사한 것이라고 하였다. 이러한 천지의 기운이 응축된 사임당의 혼이 곧 율곡의 존재를 가능케 하였다. 무엇보다 송시열은 그림을 통해 '신부인의 어머니 됨과 율곡 선생의 아들 됨이 뿌리와 가지처럼 이어지고 있다'는 것을 강조하고 싶었다.

그로부터 17년이 지난 1676년에 송시열은 사임당의 산수화에 「사임당산수도발師任堂山水圖跋」이라는 발문을 썼다. 난초 그림의 발문을 쓴 1659년이 1차 예송 논쟁으로 서인과 남인의 갈등이 첨예화되던 시점이었다면, 산수화의 발문을 쓴 1676년은 2차 예송 논쟁의 여파로 서인이 실각한 때이다. 이때 서인의 수장이던 송시열은 거제도 유배 중에 있었고, 남인과의 정치적 갈등이 심화되는 가운데 율곡의 '신화'를 통해 서인들의 재결집이 요청되던 때였다. 그렇다면 율곡 선생의 어머니 사임당의 작품을 놓고 자신의 뜻을 펼친 것은 '율곡 높이기' 프로젝트 중 하나라는 것을 알 수 있다. 다시 말해 송시열의 '사임당 서술'은 서인의 권력을 확보하기 위한 맥락에서 그 종주인 율곡의 권위를 재확인하는 작업과 무관하지 않다.

송시열 이후, 그 문인들이 펼친 18세기의 사임당 이야기는 '부덕婦德'과 '어머니 교육' 그리고 '화가'라는 세 가지 키워드로 그 내용은 더욱 풍부해졌다. 노론 계열 인사들이 중심이 된 18세기의 사임당 담론은 대부분 그림을 매개로 전개되었다.

산수화와 포도에 불과했던 그림이 18세기에 오면 초충도와 글씨 등 다양한 소재의 작품들로 대폭 늘어난다. 여기에 문예 취향을 지닌 인사들은 '전傳 신사임당' 즉 '신사임당 작품으로 전해지고 있는 것'들에 어떤 식으로든 의미 있는 족적을 남기려고 하였다. 당쟁의 시대를 맞은 '송시열의 사람들'에게 신사임당은 시대의 화두였기 때문이다.

초충도에 갑자기 관심을 쏟는 송시열의 사람들

18세기에 들어 갑작스럽게 등장한 사임당의 그림은 풀과 벌레, 꽃과 풀, 과일, 물고기, 대나무, 매화 등을 소재로 한 것들이다. 대부분 18세기에 와서 처음 소개된 것들로, 이전에는 언급된 적이 없었다. 18세기 담론의 소재가 된 작품들로는 '정필동 소장본 7폭 초충도'(이하 정필동본), '송담서원 소장본 8폭 초충도'(이하 송담서원본), 〈화초도〉 8폭, 〈물고기·대나무·오이 4폭〉, 〈포도도〉, 〈매화도〉 외의 그림들과 글씨, 〈오죽헌 방문기〉 등이 있다.

18세기 사임당 담론은 노론의 핵심 인사 김진규金鎭圭가 쓴 「사임당 초충도 뒤에 부치다(題思任堂草虫圖後)」에서 시작된다. '정필동본'을 대상으로 1709년에 쓴 이 글은 결과적으로 18세기 사임당 담론의 방향을 제시한다. 그것은 18세기 들어 나온 최초의 글인데다 내용 또한 풍부하면서도 종합적이다. 즉 김진규는 사임당을 '화가'이자 '부덕婦德의 소유자'이며 '훌륭한 어머니'라는 세 박자를 모두 갖춘 여성으로 형상화하였다. 사임당을 형상화한 세 가지 재료 중에 김진규는 그녀의 그림을 우선으로 하였다. 그것은 그가 진경시대를 대표하는 문인화가인 만큼 그림에 대한 관심이 무엇보다 컸기 때문일 것이다.

사임당의 초충도에 대해 쓴 그의 글을 보자.

이것은 율곡 선생 어머니가 그린 풀벌레 일곱 폭이다. 정언 정종지鄭宗之가 양양에 원이 되어 갔을 때 그 고을 사람에게서 이것을 얻었다. 그런데 부인은 예전에 강릉에서 살았고, 종지에게 이것을 준 이는 바로 부인의 친척이었다고 한다. 그림은 본래 여덟 폭이었는데 하나를 잃어버렸기 때문에 종지가 병풍을 만들려 하며 내게 발문을 청했는데, 없어진 한 폭을 대신하려는 것이다. 나는 그것을 받아 가지고 돌아와 살펴보니, 채색만을 쓰고 먹으로 그린 것은 아니라 저 옛날 이른바 무골법과 같은 것이다. 벌레, 나비, 꽃, 오이 따위는 다만 그 모양이 꼭 같을 뿐만 아니라 그 빼어나고 맑은 기운이 산뜻하여 살아 있는 것만 같았다. 저급한 화가들은 도저히 미칠 수 없는 기묘한 경지를 보여주었다.[11]

김진규 글의 1/3에 해당하는 이 부분은 그림의 원본이 흘러온 내력과 그림의 기법 그리고 그림의 내용 등에 관한 주로 사실적 차원의 정보들로 구성되었다. 여기서 사임당의 호칭은 '율곡 선생의 어머니'로 바뀌는데, 앞서 17세기의 이경석과 송시열이 사임당을 '신부인申夫人'이라고 호칭한 것과 대조된다.

이로부터 2년 후인 1711년에는 신정하申靖夏도 정필동본에 대한 느낌을 운율을 실어 노래했다. 7폭 각각의 장면을 글로 묘사한 것이다. 예컨대 "첫째 폭은 오이넝쿨 언덕 타고 감겼는데 밑에선 개구리가 더위잡고 올라가네"라고 하였고, "일곱째 폭 붉은 여뀌 다시금 쓸쓸한 채 무거운 꽃 약한 잎새 드리워 한들한들"이라고 하였다. 이어서 신정하는 "200년을 흘러내려온 지금, 먹빛은 바랬지만 정신은 그대로네"라고 하고, 그림의 소장자에게는 "정공에게 이르노니, 이것 고이 간직하여 흔한 그림 대하듯이 하지 마오"라고 하였다.[12]

송상기宋相琦도 1713년에 김진규와 신정하가 보았던 그 정필동본에 이야기를 보탰다. 그는 "꽃·오이·곤충 등 모두가 섬세하고 훌륭하다. 이 중 벌과 나비 등은 더욱 신묘한 솜씨여서 마치 살아 움직이는 듯하여 그림 속에 있는 것 같지가 않다"[13]고 하였다. 여기에 송상기는 사임당의 그림에 얽힌 이야기 하나를 더 얹었다. '한 여름에 볕을 쐬려고 내 놓은 풀벌레 그림을 닭이 와서 쪼았다'는 이야기다. 이어 "내가 그 말을 듣고 기이하게 여기면서도 정작 그림을 보지 못한 것이 한스러웠다"고 하였다. 즉 이 말은 송상기는 닭이 그림을 쪼는 장면을 직접 본 것이 아니라 누군가에게 전

전 신사임당, 〈여뀌〉(국립중앙박물관 소장)
국립중앙박물관 소장 8폭 중 '여뀌' 화면이다. 신정하는 '정필동본'의 제7폭을 "붉은 여뀌 다시금 쓸쓸
한 채 무거운 꽃 약한 잎새 드리워 한들한들"이라고 묘사하였다. 정선 역시 정필동본을 보았는지 〈여
뀌와 두꺼비〉란 초충도를 남겼다.

해 들었음을 뜻한다. 그림 속의 풀벌레를 실제로 착각한 닭이 와서 그림을 쪼았다는 이야기는 송상기에게서 처음 나왔는데, 사임당이 별세한 지 160여 년이 지난 시점이었다.

숙종 이순李焞도 정필동본을 모사하여 병풍으로 만들어 왕궁에 놓고 감상하였다. 숙종은 인원왕후 김씨의 아버지 김주신金柱臣을 통해 사임당의 그림을 접하게 된다. '정필동본'은 김주신이 소장했던 것이다. 숙종은 그림 한 폭이 빠진 것을 아쉬워하며, 풀과 벌레가 핍진한 것에 감동하여 시를 남겼다.

풀이여 벌레여 모양도 같을시고
부인이 그려 낸 것 어찌 그리 묘하온고.
그 그림 모사하여 대궐 안에 병풍 쳤네.
아까울 손 빠진 한 폭 모사하여 붙이도다.
채색만을 쓴 것이라 한결 더 아름다워
그 법이 뭔가 하니 무골법이 이것이네.[14]

숙종의 글은 그림 그 자체에 매우 충실하다. 숙종의 그림 읽기는, 사임당의 그림보다는 율곡의 어머니라는 사실에 더 집중한 송시열과 노론 계열 인사들과 대조된다. 또 숙종이 사임당 그림에서 표현한 '채색만 사용'했다거나 '무골법'이라는 용어는 이미 김진규에게서 나왔다. 여기서 왕과 그 주변 사대부들이 사임당의 그림을 놓고 서로 이야기를 나누었음을 짐작할 수 있다.

18세기에는 정필동본에 이어 '송담서원본'도 새로 등장했다. 송담서원본에 대해서는 1715년 강릉을 방문한 정호鄭澔가 발문을 썼다. 정호는 송시열 문하의 뛰어난 학자이자 노론의 선봉에 섰던 사람으로 송강 정철鄭澈의 현손이다. 송담서원본의 발문에서 그는 "벌레들이 살아 움직이는 것 같고 풀포기들이 향기롭고 깨끗해 보이는 것이 어떻게나 똑같은지, 그야말로 저 하늘 조화를 빼앗았다는 그것이 아닌가 싶다"[15]라며 사임당의 그림 실력을 극찬하였다.

이병연李秉淵은 포도 그림에 제발을 남겼는데, 그에게 사임당은 훌륭한 화가였다. "사람들은 주렁주렁 열린 포도 그림을 특별히 사랑하여, 부녀 중의 이영구李營丘를 일컫는구나"[16]라고 하였다. 이병연이 사임당에 비유한 이영구는 송대 화가 이성李成의 별칭이다. 이성은 수묵 산수화의 대가로 일가를 이룬 사람이다.

신경申暻도 '초충도 8폭'에 대한 제발을 썼다. 신경은 앞서 정필동본의 제발題跋을 썼던 신정하의 조카로, 그는 숙부의 글에 적극 공감하였다. 즉 "숙부의 시어詩語들은 사임당의 그림을 너무나 잘 형용할 것이라 더 이상 손댈 게 없으니 내가 다시 무슨 말을 더 보태리오"[17]라고 하였다. 그가 본 초충도 8폭은 그 숙부 신정하가 보았던 정필동본과는 다른 것이다. 실물은 다르지만 화법이나 그림의 내용은 같은 화가의 그림이라고 신경은 주장한다.

이제 이 그림첩과 정공의 화본이 비록 종이 넓이의 작은 차이가 있다 할지라도 그리는 방법이 같고, 물건들의 규모가 다를 바 없기에 분명 이것

전 신사임당, 〈포도도〉(비단에 수묵, 43.7x35cm)
신사임당은 산수와 포도 그림으로 유명했다고 전해진다. 그림에는 이병연의 제발이 붙어 있으나 이
역시 신사임당이 그렸다고 전해질 뿐이다.(『사임당의 생애와 예술』(이은상)에서 재수록)

은 부인의 손에서 나온 것임을 의심할 바 없다. 그 품격의 고상함으로 말하면, 선생의 이른바 '모두 지극히 정묘하다(俱極精妙)'는 넉자로 대신할 수 있다.[18]

신경은 '초충도 8폭'(오죽헌 소장본)이 '의심할 바 없는' 사임당 그림이라고 하였다. 당시 사임당이 그렸다는 초충도는 세 종류였던 것으로 보인다. 숙종을 비롯한 노론의 핵심 인사들이 제발을 남긴 '초충도 7폭'(정필동본)과 정호가 발문을 쓴 강릉의 '초충도 8폭'(송담서원본) 그리고 신경이 본 '초충도 8폭'이 그것이다. 그렇다면 '초충도 8폭'이 두 종류인 셈인데, 그림의 숫자가 늘어날수록 '사임당의 진짜 그림'임을 밝히는 것이 제발의 중요한 내용이 되었다.

사임당을 칭한 가짜 그림이 창궐하다

18세기 그림을 중심으로 한 사임당 담론은 그림의 내용보다는 그 진위眞僞를 규명하는 데 주력하였다. 대개 화가나 작품의 예술성에 대해 짧게 언급하고, 자신이 보고 있는 이 작품이 어디에서 왔고, 누가 소장하고 있는가 하는 내용 등이 주를 이뤘다. 사임당 후손의 집안에 내려오던 것이라든가, 강릉에서 나왔다는 등의 설명을 첨부함으로써 진짜임을 확정하고자 하였다. 이러한 방식의 제발은 사임당의 명성을 등에 업은 가짜 그림이 창궐하고 있음을 이면으로 말해주는 것이다.

권상하權尙夏는 1718년에 '대나무·오이·물고기'를 소재로 한 사임당 그림을 보고 그 소회를 적었다. 그의 나이 78세에 쓴 것으로 글의 길이는 비교적 짧다.

"이것은 사임당의 작품이다"로 시작하는 그의 글은 그림이 실물과 너무나 흡사하여 "나도 모르게 입에 침이 흐르니 참으로 천하에 제일가는 보배다"라고 하였다. 그리고 그 역시 이 그림이 사임당의 진짜 작품임을 주장하였다. 이어 "이 두 폭은 저 옥산공의 집안으로부터 그 외손자들에게 전해진 것으로, 하루는 그 6대손 권중려權重呂가 내게 소매 속에서 꺼내 보였고, 나는 손을 씻고 받들어 완상하는 데 싫증이 나지 않았다"[19]고 하였다.

옥산玉山은 사임당의 막내 아들 이우李瑀의 호로, 그의 나이 10살 때 어머니 사임당이 세상을 떠났다. 이 작품이 사임당의 것이 맞다는 가정하에, 권상하에게 오기까지의 과정을 꾸려보면 다음과 같다.

어린 소년 우瑀는 죽은 어머니의 작품을 지니고 있다가 혼인을 하였다. 그리고 1남 2녀를 낳았는데 그 둘째 딸에게 자신이 간직하던 어머니의 그림을 전해주었다. 우의 딸이자 사임당의 손녀 이씨는 권상정權尙正과 혼인함으로써 할머니의 그림은 아들에게 전해지고, 아들은 또 그 아들에게 전하고, 손자는 또 그 아들에게 전하고, 증손자가 또 그 아들에게 전하여 이씨의 현손 권중려가 소장하게 된 것이다. 말하자면 200여 년의 역사를 가진 그림 작품을

전 신사임당, '물고기·대나무·오이 4폭' 중 〈대나무〉(비단에 수묵, 50x35cm)
사임당의 넷째 아들 우의 집안에서 전해내려 왔다는 그림이다. '대나무·오이·물고기(花草魚竹)'라
는 제목으로 네 폭의 그림이 전하며, 그 중 한 점이다. 권상하가 발문을 적었다.(『사임당의 생애와 예술』
(이은상)에서 재수록)

소매 속에 넣고 와 당대의 학문적 정치적 대가인 권상하에게 보인
것이다.

이 그림이 진짜인가 아닌가를 논증하는 것은 그림 분야의 전문
영역에서 행해야 할 문제이다. 중요한 것은 송시열의 적통인 권상
하에게 이 그림은 '백대의 스승 율곡'과 연결되어 있기에 귀중한
것이다.

또 다시 꽃과 풀을 소재로 한 사임당의 새로운 그림이 나왔는
데, 〈화초도〉 8폭이 그것이다. 조귀명趙龜命은 이 그림에 「의진이
소장한 신부인화첩에 부치다(題宜鎭所藏申夫人畵帖)」라는 제목의 제
발을 썼다. 조귀명 역시 자신과 마주한 그림이 사임당의 진짜 작품
임을 주장하고 논증하는 데 필요 이상의 지분을 할애하였다.

1737년 사월에 의진宜鎭이 간직한 율곡 선생 어머님 신씨의 그림 화초
여덟 폭을 얻어 심신을 정제하고 감상하였다. 아, 이것이야말로 신부인의
그림임에 의심할 여지가 없다. 붓 솜씨가 그윽하고 고우면서 고상하고
명랑하니 그 고운 것은 여성인 까닭이요, 그 고상하고 명랑한 것은 율곡
선생의 어머님 된 까닭이다. 더구나 그것이 저 김연흥金延興의 집 안방
에서 나왔으니, 연흥은 율곡 선생과 같은 시대를 산 분이기에 가짜를 간
직하지는 않았을 것이다.[20]

김연흥은 연흥부원군에 봉해진 인목왕후의 아버지 김제남金悌
男을 가리킨다. 조귀명이 이 그림을 진짜라고 주장하는 근거는 두

이우, 〈국화도〉(종이에 수묵, 36x25.2cm, 오죽헌시립박물관 소장)
사임당의 예술적 재능을 이어받은 넷째 아들 이우의 수묵화로 만개한 국화송이를 그렸다.

가지이다. 김제남의 집 안방에서 나왔다는 것과 김제남은 율곡과 동시대를 산 사람이라는 것이다. 조귀명은 조선 후기의 서화 비평가로 유명한 사람으로, 한때 "금번 연행길에 그림을 많이 구입했으나, 대부분 가짜여서 일컬을 만한 것이 없더라"고 개탄한 바 있다. 그가 사임당 그림 발문에서 사임당의 진짜 작품임을 주장한 것은 서화 감식에 밝았던 자신의 관심사가 반영된 것이라 할 수 있다.

강릉에서 나왔기에 사임당의 진품이라는 주장도 있다. 유언길兪彦吉은 사임당의 포도 그림에 대한 발문에서 그림 속의 포도를 "흰 비단 위에 그 솜씨 끼치지 않았다면, 강릉 사람 무엇으로 사임당을 알았으랴"라고 하였다. 그는 이 그림을 "강릉 사람 모씨가 소장하던" 것이라 하면서 사임당이 "중년에 이르기까지 강릉에 머물렀기 때문에 진품은 강릉 사람이 지니고 있는 것이 당연하다"[21]고 하였다. 이는 자신이 얻은 그림을 강릉과 연관시킴으로써 진품임을 확인받고자 했다.

유언길처럼 진품은 강릉에 있을 가능성이 크다고 본 사람으로 이형규가 있다. 강릉 부사로 부임한 그는 "율곡 선생의 외가가 강릉이기 때문에 부인의 필적이 강릉에 많이 있다"고 하였다. 이형규李亨逵는 잃어버린 사임당 필적을 부사의 직권으로 원래 주인에게 찾아주었고, 그 과정을 '사임당 친필에 대한 발문'이라는 글로 남겼다.

이언유李彦愈는 1766년에 쓴 사임당의 습작품인 매화 그림 〈서

조귀명, 「동계집」
조선 후기의 서화 비평가로 이름이 높았던 조귀명
이 12권 6책으로 만든 문집이다. 마지막 권인 제
12권 말미에 부록의 형식으로 「남곡고」와 「청량헌
고」를 부집해 놓았다.

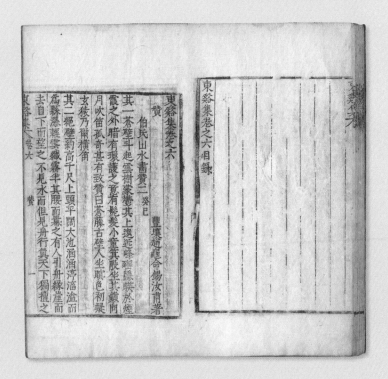

호지(西湖志)의 발문에서, 그림이 진짜라는 것에 많은 설명을 달았다. 사임당을 '선조 할머니'라 호칭한 그는 "장성해서는 그림을 전혀 그리지 않아 전하는 작품은 드물다. 간혹 있다 해도 진짜와 가짜가 많이 섞여 있다"고 하였다. 그리고 자신이 입수한 작품이 흘러온 내력을 설명하였다.

> 을유년(1765년) 가을에 불초한 내가 마침 대관령 밑 역원의 찰방으로 갔는데, 그 이웃 고을이 바로 내 선조 할머니의 고향 강릉이었다. 그래서 할머니가 남긴 서화를 널리 구해 볼 기회가 있었다. 고을의 남쪽에 사는 선비 김성열의 집에 먹으로 그린 매화 열여섯 폭이 있었다. 앞머리 두 폭에 해서楷書로 '서호지' 석 자를 썼고, 또 각각 동冬 자와 하夏 자를 매겨 두었다.* 그런데 김씨의 선조 할머니도 역시 최참판(사임당 어머니의 외조부)의 외손녀로 사임당과 이종 친척 간이다. 두 사람이 모두 처녀였을 당시에 김씨의 선조 할머니가 이를 구해 간직했던 것으로, 이제 여러 대를 지나 자못 좀이 먹기는 했어도 그 휘어진 가지 차가운 꽃술에는 오히려 생기가 돈다.22

이언유가 이 그림을 진품이라고 보는 근거는 두 가지이다. 강릉에서 나왔다는 것과 그림의 소장자가 사임당의 이종 친척의 후손이라는 사실이다.

---

* 책표지에 춘하추동을 매기는 것은 '가나다라'와 같은 쓰임이다.

이매창,〈달과 매화〉(종이에 수묵, 25.2X36.1㎝)
사임당의 자녀 7남매 가운데 맏딸인 매창은 시, 글씨, 그림 재능이 뛰어났다. 사임당의 성품까지 물려
받았다 하여 '작은 사임당'이라고도 불렸다.(『사임당의 생애와 예술』(이은상)에서 재수록)

18세기에 나온 사임당의 그림 이야기는 크게 두 가지 방향이다. 하나는 그림의 예술성이나 내용에 대해 찬사를 보내고 이어서 율곡의 어머니 사임당의 작품이라는 사실을 확인시키는 방식이다. 또 하나는 자신이 입수한 작품은 사임당이 그린 진품임을 주장하고, 그것을 논증하는 방식이다.

18세기에 새롭게 등장한 사임당의 여러 작품에 당대 이름난 인사들은 제발題跋로 응답했다. 그런데 노론 계열 인사들의 관심은 그림 그 자체보다는 신사임당이 갖는 상징성에 쏠렸다. 그림에 대한 묘사나 찬사는 '율곡의 어머니'라는 존재를 설정하기 위한 도구에 불과했다.

유교적 부덕을 실천한 여성의 상징이 된 신사임당

18세기의 사임당은 유교적 부덕婦德을 갖춘 여성으로 다시 강조된다. 17세기의 송시열도 사임당을 중국의 후侯부인 못지않게 부덕을 갖춘 여성이라 칭송하였지만, 18세기에는 유교 경전의 정신과 대비시키면서 더 구체적이면서 심도 있게 전개되었다.

18세기 들어 가장 먼저 나온 글은 앞에서 소개한 김진규의 「사임당 초충도 뒤에 부치다」이다. 그는 사임당이 그림을 그린 것은 '부인의 덕'에 부합하는 것임을 역설하였디.

그런데 내가 일찍이 옛 서적들을 살펴본 바, 이른바 여자의 일이란 베 짜고 길쌈하는 데 그칠 뿐 그림 그리는 따위의 일은 하지 않았다. 그런데도 부인의 기예가 이와 같은 것은 어찌 여자 교육을 등한시한 것이겠는가? 진실로 타고난 재주가 총명하여 여기에까지 온 것이리라. 옛사람이 이르 되 '그림과 시는 서로 통하는 것이라' 하였다. 시도 부인이 할 일은 아니 지만 『시경』에 있는 「갈담葛覃」「권이卷耳」같은 것은 저 거룩한 부인(문 왕의 어머니 태임)이 지은 것이다. 또한 그 덕화를 입은 제후의 부인들이 「부이芣苢」「채번采繁」「채빈采蘋」같은 시를 지었다. 또 여자가 지은 것 으로「초충草蟲」편이 있는데, 이 그림이 바로 그것을 그려낸 것이니, 어 찌 베 짜고 길쌈하는 일 외의 일이라고 업신여길 수 있겠는가?[23]

김진규는 사임당의 그림은 부인의 덕을 실천하는 차원에서 나 온 것이라 주장한다. 김진규가 생각하기에, 여자는 무엇보다 베 짜 고 길쌈하는 일을 주 임무로 삼아야 하고, 그림 그리는 것은 여자 의 일이 아니었다. 사임당은 여자의 일을 다 하고 난 뒤 그림을 그 렸기 때문에 문제가 되지 않는다는 것이다.

김진규가 예로 든 『시경』의 시들은 모두 제후의 부인들이 지었 다고 하는데, 각각 질경이, 다북쑥, 마름풀, 고사리 등을 캐면서 부 른 노동요이다. 김진규는 사임당이 이 『시경』의 시 「초충」을 형상 화하여 '초충도'라는 그림을 그린 것으로 보았다. 다시 말해 사임 당의 그림은 『시경』 및 고대 성인들의 가르침을 실천하는 과정에 서 나왔다는 것이다. 김진규의 이러한 주장은 그림 그리는 건 여 자의 일이 아니었기에 사임당이 부모의 명으로 '마지못해' 그림을 그렸다고 한 송시열의 해석을 염두에 둔 것이다. 김진규는 여기서 더 나아가 사임당의 행위를 유교적인 맥락으로 끌고 들어와 아예 적극적으로 해석하는 쪽으로 방향을 바꾼 것이다.

사임당의 그림이 『시경』 속 성녀들의 행위를 형상화한 것이라는 김진규의 해석은 갈수록 정설로 굳어졌다. 바로 2년 뒤, 신정하는 사임당이 그림을 그린 것은 그림 그 자체를 목적으로 한 것이 아니라는 주장에까지 이른다.

> 상상컨대 고이 앉아 종이 위에 붓 던질 때 그림을 그리려고 한 것은 아니었고, 「갈담葛覃」과 「권이卷耳」에서 읊은 것을 본떠서 그려내니 소리 없는 시로구나. 진晋의 위衛부인과 원元의 관管부인은 서화로 이름을 날렸다네. 애석하지만 본시 그런 포부가 없었으니, 재주는 비록 뛰어나되 비교할 순 없으리.[24]

신정하가 보기에, 여성의 일이란 그것이 무엇이든 여성의 역할을 체현하는 가운데 있다. 따라서 사임당의 그림은 부덕을 실천하는 맥락에서 나온 것이다. 그렇다면 사임당은 오직 그림 그 자체만을 목적으로 한 중국의 다른 여성들과 비교할 수 없다. 다시 말해 사임당은 서화로 이름을 날렸던 위부인이나 관부인보다 더 훌륭하다는 것이다.

사임당이 그림을 그린 것은 유교적 부덕을 실천하는 행위였다고 한 신정하에 이어 신경도 사임당이 초충도를 그린 뜻은 "옛날

문왕 어머니가 시를 지어 읊은 것을 본떠서 그려내고자 한 것"[25]이라고 하였다. 사임당의 행위를 유교적 부덕과 연결시키고 싶었던 사람들에게 그녀의 그림 '초충도'는 그야말로 호재였다. '초충도'와 이름이 같은 유교 경전『시경』의 「초충」과 결부시키면서 '율곡 선생'의 어머니를 성녀의 반열에 올려놓을 수 있었던 것이다.

18세기의 사임당도 후부인과의 비교가 불가피하였다. 북송의 대학자 정호·정이程頤 형제의 어머니 후부인은 유교적 부덕을 상징하는 여성이었다. 이 여성을 사임당과 연결시킨 최초의 인사는 17세기의 송시열이었다.

송시열은 "신부인의 어머니 됨과 율곡 선생의 아들 됨이 뿌리와 가지로 서로 이어져 있는 것이 정자程子 집안에 못지않다"[26]고 하였다. 또한 그는 사임당의 산수도 발문에서는 "저 신부인의 어진 덕으로 큰 명현을 낳으신 것은 저 중국 송나라 때 후부인이 이정二程 선생을 낳은 것에 비길 만하다"[27]고 하였다. 다시 말해 신사임당을 두 아들을 명현名賢으로 길러낸 후부인과 동일시한 것은 송시열의 창작물이다. 그로부터 60년이 지나 정호는 송시열의 '발명품'을 정론으로 안착시켰다.

생각건대 부인의 높은 도덕과 아름다운 행실은 이루 다 적을 수 없거니와 그의 천재로부터 나온 것이 또한 이 같으니 과연 여중군자라 이를 만하도다. 큰 인물을 낳고 길러 꽃다운 이름을 백대에 끼쳤으니, 그 덕을 옛날 이천(정이) 선생의 어머니 후부인에게 비기는 것이 마땅하리라.[28]

더 나아가 정호는 사임당이 후부인보다 더 훌륭하다는 논지를 편다. 즉 사임당은 탁월한 재주와 우뚝한 예술성을 갖춘 분인데, 후부인은 그런 재능은 없으니 '모든 일에 능한' 사임당이 후부인보다 한 수 높은 곳에 있다는 것이다.

부인은 훌륭한 덕행을 갖추고 대현(율곡)을 낳아 기르셨는데, 이 점은 진실로 후부인에게 뒤지지 않는다고들 한다. 그런데 지금 이 그림첩을 보니 재주가 탁월하고 예술이 우뚝한데, 이것은 후부인에게서 듣지 못한 바이다. 이와 같다면 어찌 덕을 갖추고서도 모든 일에 능한 분이라고 아니할 수 있겠는가?[29]

신사임당이 후부인과 유사하다는 것은 이제 자연스러운 하나의 사실이 되었다. 유언길은 강릉 사람이 소장하고 있던 그림첩을 손에 넣고 그 감동을 글로 쓰면서, "저 옛날 정자의 어머니 후부인의 기러기 시와 같이 바른 성정性情에서 우러난 것이니, 어찌 경모하지 않을 수 있겠는가?"[30]라고 하였다.

18세기 후반에 이르면 이제까지 나온 정보나 이야기를 종합하여 만들어진 새로운 사임당 이야기가 나온다. 그녀가 왜 호를 '사임'이라 했는지, 그녀의 업적이 '문명'의 중국과 어떻게 비교될 수 있는지를 설명하기 시작하였다.

권헌權櫶의 글을 보자.

내가 알기로 신부인은 주나라의 태임과 태사의 덕을 사모하여 스스로를 '사임師姙'이라 하였다. 율곡을 교육하여 마침내 성취를 이루었으니 어질도다. …… 어질면서 또한 지혜로웠고, 또 그림을 잘하였는데 그림에서는 그리지 못하는 게 없었다. 옛날에 장강莊姜과 허목부인許穆夫人은 『시경』에 그 작품을 실었다. 군자 중에는 시에 뛰어난 사람이 많지만 부인은 그렇지가 못하다. 산수와 초목, 벌레, 물고기, 구름과 안개 등 그리지 못한 것이 없었고, 그윽한 곳에서 나온 그 정을 실었으니 풀 한 포기 사물 하나하나가 성정이 아닌 것이 없다. 우리가 이 분을 어찌 장강이나 허목부인보다 못하다고 할 수 있는가.[31]

권헌은 '사임당이 모성과 부덕으로 상징되는 태임과 태사를 닮고자 하였다'고 하였다. 즉 그녀의 그림은 단순한 재능에 의한 것이 아니라 인품과 덕성이 어우러지고 응축되어 발현된 것이다. 송시열과 그 문인들이 조선의 사임당을 송나라 후부인과 결부시켰다면, 권헌은 사례를 더 확장하여 춘추 시대의 장강 및 허목부인과 연결시켰다. 장강과 허목부인은 시를 지었는데, 『시경』에 그들의 작품이 실려 있다. 권헌은 사임당의 그림 재능은 중국 고대의 시인들에게 결코 뒤지지 않는다고 하였다.

이렇게 중국의 '성녀'들과 비교하고, 또 조선의 사임당이 더 우월하다는 식의 논법은 조선 후기에 강화된 소중화 의식의 발로라고 할 수 있다.

'율곡을 길러낸 어머니'에 주목하다

사임당이 율곡의 어머니인 것은 분명한 사실이지만, 그 관계를 어떻게 의미화하는가의 문제는 사실과는 별개의 영역이다. 18세기 노론 계열 인사들은 사임당 그림을 놓고, 그림 이야기를 하는 것이 아니라 대부분의 경우 자신의 이야기를 하거나 자신들의 당론黨論을 투사하였다. 그들은 신사임당이 화가라는 사실을 바탕으로 그녀를 의미화하는 데 집중하였다. 그들은 사임당의 그림은 중국 고대 성녀들의 시를 그린 것으로 '소리 없는 시'이고, 중국 명현名賢의 어머니 후부인이나 고대 성녀들과 동일시하는 면 등으로 나타난다.

다시 말하지만 18세기 노론 계열 인사들이 사임당에 주목하는 가장 큰 이유는 '율곡 선생의 어머니'라는 사실에 있다. 이 사실을 그들은 각자의 언어로 구현해내는 과정에서 앞선 사람에게는 의견이고 생각이던 것이 뒤에서는 진실이 되고 사실이 되곤 하였다. 이에 먼저 18세기에 사임당 담론을 주도한 김진규가 그려낸 율곡의 어머니인 사임당을 살펴보자.

내가 들으니 부인은 시에도 밝고 예법에도 익어 율곡 선생의 어진 덕도 실상은 그 어머니의 태교로 된 것이다. 율곡이 어렸을 적에 형제들이 부모를 모시고 같이 사는 그림을 그렸다는데, 그것도 역시 붓과 벼루를 들고 어머님을 모시고 노는 속에서 얻어진 것이었다. 아! 성현의 학문은 반

오죽헌 몽룡실
김장생은 율곡의 행장을 쓰면서 어머니 사임당이 용꿈을 꾸고 아들 율곡을 낳았다는 이야기를 새로 넣었다. 이후 이정구, 이항복, 김집, 송시열로 이어지면서 용 태몽 이야기는 정설로 굳어진다.

드시 천품이 고명한 데서 나오는데, 이런 분은 본래 재예도 많은 법이다. 이것은 비록 몇 폭 작은 그림에 불과하지만, 진실로 흐르는 물을 거슬러 근원을 더듬고 가지를 거쳐서 뿌리를 찾을 수 있는 것이다. 이로써 스스로 선생의 학문의 높고 깊음을 상상하여 선생을 우러러 사모하는 마음이 더욱 더 간절해질 것이다.[32]

김진규는 율곡의 인물됨을 그 어머니 사임당의 태교와 연결시켰다. 김장생과 송시열 등의 17세기 인사들은 사임당이 용꿈을 꾸고서 율곡을 낳았다는 잉태의 담론을 펼쳤다. 김장생에서 시작된 율곡의 용 태몽 이야기는 이정구, 이항복, 김집, 송시열로 이어지면서 조금씩 변주를 보였고, 처음에는 용이라고 했다가 흑룡으로, 이후에는 다시 신룡神龍으로 바뀌어 갔다. 그 무성하던 17세기 잉태의 담론이 18세기에는 태교로 발전되었다.

태교는 잉태에 비해 교육적인 의미가 더 강하다. 근대 이후에 부각된 사임당의 교육자로서의 이미지도 그 기원을 따진다면 18세기의 태교 담론에 이르게 된다. 18세기 초 김진규가 "율곡 선생의 어진 덕도 실상은 그 어머니의 태교로 된 것"이라고 한 이후 '교육자 사임당'의 이미지가 만들어지기 시작하였다.

한편 신정하는 "선생을 공경함이 부인께도 미치어 그림을 만지다가 나도 몰래 경탄하네"[33]라고 하였고, 그의 조카 신경은 "율곡의 선생됨은 저 이른바 '단샘도 근원이 있고 지초도 뿌리가 있다'는 말을 징험케 한다"[34]라고 하였다. 즉 율곡이라는 성현이 나오기까지 반드시 그 근원이 있을 터, 바로 사임당이 '근원'이고 '뿌리'라는 것이다.

강릉 오죽헌을 방문한 김창흡金昌翕은 그곳에서 사임당과 율곡의 모자 사랑이 살아 숨 쉬는 듯한 기분을 느낀다고 하였다.

어진 학자 나신 고을 동해 바닷가, 예부터 전해오던 교육의 고을이라. 그 어머니였기에 그 아들 낳아, 우리 학문에 그 분 계심이 얼마나 다행이던고. 저 대숲에는 서녁마다 글 읽던 소리, 사당 앞은 모친 병환 기도하던 곳이네. 책상 위엔 요결 초고 상기도 남아 획마다 맑은 정신 베어 들었네.[35]

김창흡, 「삼연집」

조선 숙종 때의 성리학자이고 김수항의 아들인 김창흡의 시문집이다. 1753년 문인 유척기가 간행하였다. 36권 18책으로 이뤄져 있다.
김창흡은 강릉 오죽헌을 방문하여 '그 어머니였기에 그 아들 낳았다'며, 어머니의 교육을 강조하였다.

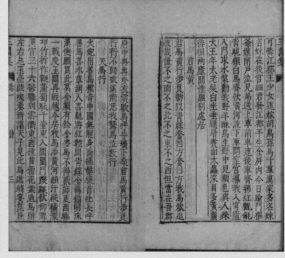

김창흡은 율곡을 설명하기 위해서는 그 어머니의 교육에서 시
작해야 한다고 하였다. 오죽헌은 바로 그러한 교육이 이루어지던
공간인 것이다. 이로부터 몇 년이 지나 이곳 오죽헌을 찾은 정호는
그곳을 신화의 공간으로 바꾸어 놓는다. 여기서 그는 오죽헌 흑룡
과 율곡의 신화를 재음미하였다.

> 율곡 선생께서 탄생하던 날 밤에 흑룡이 날아와 침실로 들어가는 꿈을
> 꾸었고, 선생이 별세하던 날 또 흑룡이 하늘로 날아오르던 꿈을 꾸었다
> 고 한다. 이것은 저 공자의 탄생에 기린이 모습을 보인 것과 서로 부합하
> 는 것이겠지요.[36]

 율곡의 탄생과 죽음을 흑룡과 결부시킨 이야기는 정호에 이르
러 정설로 굳어지는 듯하다. 율곡의 탄생과 죽음을 흑룡과 결부시
킨 것은 17세기의 이정구에서 나왔는데, 그로부터 100년이 지났
다. 여기서 더 나아가 정호는 율곡의 흑룡을 공자의 기린과 비교함
으로써 율곡의 신성화에 박차를 가하였다.

어머니 사임당과 아들 율곡의 관계를 의미화하는 것은 노론 인
사들에게 주어진 시대적 소명과도 같았다. 송시열의 문인 송상기
宋相琦는 사임당이 역사적 인물이 된 근본적인 이유는 '율곡 선생
을 아들로 두었기' 때문이고, 사임당의 그림은 그것을 돕는 역할을
한다고 보았다.

송상기는 이렇게 말하였다.

부인의 정숙한 덕과 아름다운 행실은 지금껏 이야기하는 이들이 부녀 중의 으뜸이라고 일컫는데, 하물며 율곡 선생을 아들로 둔 것임에랴. 선생은 백세의 사표인 만큼 세상이 어찌 그 분을 앙모하면서 그 스승의 어버이를 공경하지 않을 수 있겠는가? 그러므로 부인이 뒷세상에 전해진 것은 이런 이유가 있었지만, 그 위에 이 그림첩이 있어 그것을 도운 것이다. 후세 사람들이 반드시 '이것은 율곡 선생 어머니 그림이라' 하여 선생 때문에 존경심이 부인에게도 미쳐 이 그림들을 완상하고 보배로 여길 뿐만이 아닐 것이다.[37]

송시열의 고제高弟 권상하는 "백대의 스승 율곡을 태산과 북두성처럼 우러러 받들었는데, 이제 또 그 어머니의 작품을 보니 그 경모되는 바가 과연 어떻겠는가?"[38]라고 하였다. 여기서 사임당은 태산과 북두성처럼 우뚝한 율곡을 더욱 빛나게 하는 존재, 곧 '어머니'인 것이다.

그런데 18세기 대부분의 인사들이 사임당을 부인의 덕德과 어머니의 덕으로 부각시키는 가운데, 유독 효녀로 호명한 사람이 있다. 유언길俞彦吉은 사임당을 늙은 어머니를 보살피는 효녀로 부각시킨다.

부인의 성품은 지극히 효성스러워 대관령 위에서 구름을 바라보며 읊은 시는 효자들로 하여금 눈물을 머금게 하기에 충분하다. …… 부인은 어려서부터 거의 중년에 이르기까지 어머님 곁에서 생활하였다. 생각건대

그가 붓을 놀릴 적에 꽃과 과일, 풀벌레 따위가 살아 움직이고 날고뛰는
듯하여 늙으신 어머니의 주름진 얼굴을 펴게 하기에 충분하였다. 이것으
로써 부인의 그림이 효심에서 우러난 것임을 알 수 있다.[39]

　사임당이 중년에 이르기까지 친정 어머니 곁을 떠나지 않았
던 사실을 밝힌 것인데, 노론 계열 인사들은 침묵해 온 부분이다.
유언길은 사임당이 그림을 그린 것도 '부덕婦德'의 체현이 아니라
'효심'의 발현으로 보았다. 노론 집안의 유언길이지만 사임당을 바
라보는 지점에서는 노론 계열과는 차이가 있었다.
　시집 간 여자가 친정에 남아서 생활하는 것이나, 시부모가 아

대관령 마루턱에 세워져 있는 신사임당의 사친시비思親詩碑
사임당은 한양으로 돌아가는 길에 어머니를 그리워하는 마음을 '대관령을 넘으며 친정을 바라본다'라
는 시로 남겼다. 유언길은 사임당이 '지극히 효성스러워 대관령 위에서 구름을 바라보며 읊은 시'가 눈
물을 자아내게 한다고 평하였다.

닌 친정 모친을 위해 자식으로서의 도리를 충실히 행했다는 이야기는 사실 18세기 후반의 가족 정서에 딱 들어맞는 것은 아니다. 사임당은 '처가살이'가 자연스러웠던 16세기 사람이지만, 18세기의 사임당은 18세기 사회의 습속과 의식으로부터 자유로울 수 없다는 점에서 볼 때 '효녀 사임당'은 특별한 의미를 지닌다. 18세기는 이전 시기에 비해 유교적 가부장제가 좀더 심화되고 확대된 시기이기 때문이다. 그런 점에서 유언길이라는 인물은 노론의 계열에 속해 있지만 생각이나 의식이 비교적 자유로운 처지에 있었던 것으로 보인다.

한편 노론 계열에 속하지 않는 인사들은 사임당을 율곡과 연결시키지 않고 그림 그 자체에 충실하였다. 홍양호洪良浩는 사임당을 '신묘한 그림의 경지'에 이른 분으로 보았고, 그 호칭도 '율곡 어머니'가 아니라 '신씨'였다. 그는 이렇게 말한다.

> 그림으로써 세상에 드러난 이가 이루 헤아릴 수 없지만 모두 남자요 부인은 아주 없으며, 또 잘 그리는 이는 많아도 신묘한 경지에 들어간 이는 드문데, 부인으로서 그림을 잘 그려 신묘한 데 들어간 이야말로 오직 우리나라 사임당 신씨가 그분이다.[40]

홍양호를 비롯한 몇몇 소론 계열 인사들이 언급하는 사임당은 부덕婦德과 모덕母德으로 의미화하기보다 '그림을 잘 그린 신부인'일 뿐이다.

서인 노론의 프로젝트, 신사임당

진정한 의미에서 신사임당의 역사는 아들 율곡과 함께 시작되었다. 그녀가 세상을 뜬 직후 16세의 아들 이이는 어머니의 행적을 기록으로 남겼다. 700여 자에 달하는 율곡의 「선비행장」은 사임당을 역사적 인물로 등극시키는 데 결정적인 역할을 하였다. 그것은 바로 그녀에 대한 유일한 사실적인 기술이라는 점과 그것을 작성한 아들 율곡이 17·18세기 정치사상계에서 절대적인 위상을 갖는 인물이 되었다는 점에서이다. 이후 당쟁의 시대에서 율곡 이이를 종주로 하는 서인·노론 계열 인사들은 신사임당을 특별한 존재로 창조해냈다.

신사임당의 역사적 위상을 높이는 데 절대적인 공헌을 한 사람은 바로 17세기의 송시열이다. 송시열은 사임당의 예술가적 기운을 율곡의 잉태와 연결시켜 담론화한 최초의 사람이다. 그가 살피기에 '천지의 기운을 모아 참 조화를 이룬' 사임당의 그림 실력은 율곡 선생을 낳기에 충분한 조건이 되었다. 또한 송시열은 신사임당을 정호·정이의 어머니 후부인과 나란히 놓음으로써 부덕婦德과 모덕母德을 갖춘 여성으로 격상하였다. 이러한 송시열의 구상을 18세기 노론 계열 인사들에 의해 구체화되었고 사실화되었다.

즉 18세기의 노론 계열 인사들은 사임당의 그림을 인성 및 부덕과 결부시키는 방식으로 담론화하였다. 그들이 남긴 글에는 성정性情의 발현, 시경詩經의 형상화, 부덕의 실천이 핵심 언어로 등

전 신사임당, 〈풀과 물새〉(비단에 수묵, 14x18.5cm)
정철의 집안에서 전해지는 그림이라고 하나 유래가 불분명하다. 물새는 대개 '공부를 마치다'라는 뜻
을 담고 있다. 18세기 이후 사임당은 화가에서 어머니로, 다시 교육가로 자리매김하게 된다.(『사임당의
생애와 예술』(이은상)에서 재수록)

장하였다. 사임당의 초충도가 『시경』의 사상을 담고 있다는 것을 김진규가 처음 만들어낸 이후, 신정하가 재활용함으로써 사실화 구축에 들어간 것이다. 부공婦功에 힘써야 할 여성이 그림을 그린 행위에 대해 그리고 그 작품이 바깥 세상으로 전해진 것에 대해 부연 설명이 필요했던 것이다. 당시 조선은 유교적 여성관이 지배하던 사회였기 때문이다. 노론 계열 인사들은 입이라도 맞추듯 '억지로 그렸다' '마지못해 그렸다'는 등의 설명으로 이 문제를 해결하고자 하였다.

사임당의 7대손인 이선해李善海가 전하는 말은 이러한 맥락에서 나왔다.

무릇 우리 집안에 속전되는 것으로 말하면 신부인께서 처음 시부모를 뵙던 날 일가의 어른들이 모두 이르기를 '신부가 그림을 잘 그린다고 하니 한번 감상할 수 있겠느냐?'고 하자 부인께서 감히 사양할 수 없어서 놋쟁반에 먹으로 포도를 그린 뒤 감상하고 나자 씻어 버리셨으니, 손재주가 있다고 외간에 전파하고 싶지 않으셨기 때문이다"[41]

이는 조선 후기 여성의 그림이 성리학적 인간관 속에서 어떻게 인식되고 이야기되는지를 잘 보여준다.

18세기 노론 인사들의 사임당 그림에 대한 언급에서 특징적인 것은 작품의 내력을 밝히는 설명이 점점 장황하리만치 길어진다는 점이다. 사임당의 진품임을 증명하기 위해 누가 보관하던 것이라든가, 사임당과 특수 관계에 있는 사람이라든가, 강릉이나 고관 대작들과 연계시키는 방식 등 다양했다. 그만큼 사임당의 명성을 업고 가짜 그림이 많이 생산되었다는 증거이다.

또 18세기에는 부덕의 강조를 넘어 사임당과 태교를 연결 짓기 시작하였다. 태교는 17세기에 나온 용과 결부된 잉태 담론에 비해 교육적인 함의가 더 강하다. 즉 근대 이후의 주요 주제인 '교육가'로서의 사임당, 그 담론의 계보는 17세기의 '신령스런' 잉태에서 18세기의 태교로 발전되었다. 다시 말해 "율곡의 인물됨은 그 어머니의 태교로 된 것"이라는 18세기의 담론은 율곡과 사임당의 '영원한' 진실이 되었다.

4

신사임당,
'현모양처'의
상징이 되다

홍양희

여성 예술인인가 현모양처인가

우리나라 지폐 도안의 유일한 여성 인물 '신사임당', 그녀가 그 도안의 주인공이 되는 과정은 그리 순탄치만은 않았다. 선정 당시 여성계가 오히려 신사임당을 반대하고 나섰기 때문이다.

여성계의 반발은 그녀에게 문제가 다분하다거나 혹은 그녀가 훌륭하지 않아서가 아니었다. 그것은 신사임당이 그동안 한국 사회에서 표상되고 소비되어 왔던 방식에 대한 문제제기였다. 우리나라에서 신사임당은 '현모양처'의 상징으로, 남성과 여성 사이의 성별 역할 분담을 정당화하고 공고히 하는 역할을 담당해오고 있기 때문이다. 이를 의식한 조폐공사가 신사임당은 "역사에 보기 드문 문화 예술인"이라는 점을 선정 이유로 부각시켰지만 논란이 쉽게 가라앉지는 않았다.

지폐 도안의 여성 인물 선정을 둘러싼 여러 논란은 우리에게 몇 가지 시사점을 준다. 하나는 신사임당으로 표상되는 현모양처론이 가지고 있는 담론적 효과가 한국 사회에서 여전히 강하게 작동하고 있다는 점이다. 우리 사회가 여성의 사회 진출을 일정하게 용인하지만, 현모양처론은 우리나라 여성의 삶을 규정하는 하나의 이데올로기로서 굳건히 자리잡고 있기 때문이다. 다른 하나는 신사임당의 모습 그리고 이미지는 당대의 사회적 맥락에 따라 연동하고 있다는 점이다. 정치적 필요에 따라 신사임당은 여성 '예술인'이 되기도 하고 '현모양처'가 되기도 한다.

신사임당은 이 두 가지 정체성을 겸비하고, 사회가 여성에게 요구하는 기대에 따라 그녀의 이미지 또한 함께 움직인다. 이런 점에서 신사임당의 이미지 변화는 젠더 정치의 실상을 드러내는 주요한 주제이다.

그렇다면 16세기를 살았던 조선 시대의 한 여성이 어떻게 이미지를 변화시키며 '전통'의 이름을 부여받은 '현모양처'로 발명되는지 그 역사성에 주목하고자 한다. 특히 근대라는 시공간에서 신사임당이 어떠한 역사적 맥락에서 등장하여 현모양처로 재탄생되는지를 살펴보고자 한다.

현재까지도 여성과 남성에게 사회가 요구하는 역할 분담을 공고히 하는 작업을 충실히 수행하고 있는 현모양처 여성상과 신사임당의 조우, 그것이 어떠한 정치적 상황과 관련을 가지고 있는지를 주목할 것이다. 이것은 여성과 남성이라는 성별이 근대 국가의 정치 상황과 상호 연관성을 가지고 있다는 것을 드러내는 작업이기도 하다.

이 글에서는 개항 이후 식민지 시기에 이르는 격동의 시기에 신사임당이 어떠한 방식으로 재현되고, 현모양처는 왜 전통적 여성상으로 발명되어 신사임당과 만나게 되는지, 신사임당의 이미지는 당대의 정치 현실과 어떻게 연동되는지 등의 문제들에 초점을 맞추어 이야기를 진행하고자 한다.

자녀 교육의 귀감, 여성 교육의 모델

신사임당이 처음 근대 역사에 등장하는 것은 20세기 초 국가의 존망이 위태로운 상황에서였다. 엄습해 오는 제국주의의 물결 속에서 그에 대한 대응으로서 우리나라에서는 민족주의적 계몽 담론이 풍미하고 있었다.

당시 한국의 지식인들의 최대 화두는 부국강병이었고, 문명개화는 이를 위한 하나의 수단으로 인식되었다. 러일전쟁 이후 한국이 일본의 보호국으로 전락하자 이러한 요구는 더욱 절박하였다. 문명개화의 달성은 국가적 위기를 극복할 수 있는 한줄기 빛과도 같았다. 일본은 이 점에서 따라 배워야 할 모델이자 극복의 대상이기도 했다. 그들의 부국강병이 단순히 군사력뿐만 아니라 서구적 근대화, 즉 문명개화로부터 달성되었다고 판단했기 때문이다. 한

일본의 우리나라 유학생 모임인 태극학회에서 창간한 월간지 「태극학보」
일본의 근대 문명을 전달하는 통로 역할을 하였다.

말의 지식인들에게 문명개화는 명실상부하게 국가적이고 시대적인 과제가 되었다.

문명개화를 위해 가장 중요하게 대두하였던 것은 근대 교육이었다. 특히 러일전쟁 이후 애국계몽운동의 일환으로 전개된 근대 교육을 위한 지식인들의 열망과 계몽은 더욱 가열찼다. 교육을 통한 '국민' 양성이 국가 부강의 핵심적 요소라고 여겼기 때문이었다.

일본 유학생들에 의해 동경에서 발간되어 일본의 근대 문명을 우리나라에 전달하는 통로 역할을 한 『태극학보』의 논설 역시 부강한 국가는 책임과 의무가 있는 국민 양성에 있다는 것을 강변하였다. "국민으로 국민의 책임을 다하여 국가로 하여금 부강 발달의 지경에 나아가게 함은 국가에 대한 의무"[1]라는 것이다. 교육은 이 같은 국민을 양성하기 위한 기본 전제였다. '백성'을 '국민'으로 재탄생시키는 기능을 한 것이 바로 근대 교육이었던 것이다.

여성 교육 또한 예외가 아니었다. 문명화된 나라들과 같이 근대적 여성 교육의 필요성이 주창되기 시작하였다. 특히 미래의 국민 양성에 필요한 어머니, 질적으로 우수한 어머니 양성이라는 측면에서 여성 교육이 주목받기 시작하였다.

다음의 논설은 여성 교육이 논의되는 방식, 그것이 무엇을 목표로 하고 있었는지를 보여준다.

> 한 아이의 장래 운명은 그 어머니의 행위에 있으며, 한 국민의 부강도 그 국민의 어머니에 있다 한다. 또 이르기를 국민의 정신과 습관과 편벽과 특질과 덕성이 각기 어머니 한 몸에 있다 하니, 이는 우리도 경험 자각할 것이다. 우리 동방에 위대한 성인 맹자도 그 어머니의 삼천지교三遷之敎가 아니면 어찌 그 이름이 지금까지 꺼지지 않고 빛나겠으리요. 그런즉 예부터 지금까지 위인 성현의 성명은 다 어머니의 선량한 지도와 가정 교육에서 기인하고 만들어지는 것이 실로 적지 않다. (중략) 가정에 교육을 완미하고자 하면 불가불 이에 주요한 임무인 여자의 교육을 시급히 발달시켜 현모양처賢母良妻를 조성함에 있다.[2]

이 글은 여성들이 교육 받아야만 하는 이유를 강변하고 있으

이화학당
우리나라 최초의 여성 교육 기관으로, 1886년 5월 31일 미국 북감리교 선교사 스크랜튼이 세웠다. 교명은 1887년 고종 황제가 '배꽃같이 순결하고 아름다우라'는 뜻으로 하사하였다.

며, 여성 교육은 그녀가 후일 어머니가 된다는 전제에서 비롯되었다. 아이를 어떤 인간으로 성장시키느냐가 어머니의 가르침에 의해 결정된다고 믿었기 때문이다. 다시 말해 어머니의 가정 교육에 의해 국민의 부강, 나아가 국가의 부강이 만들어지기 때문에 후일 어머니로서 자녀 교육을 잘할 수 있는 여성으로 키워내야만 한다는 것이다. 이것이 바로 여성 교육이 필요한 이유였다. 그리고 여성 교육에 의해 탄생한 여성이 다름 아닌 '현모양처'였다.

일본 근대 여성 교육의 목표인 '현모양처'라는 개념이 노입되는 것도 대략 이 시기다. 사실상 '현모양처'는 이전에 우리나라에서 통용되던 용어는 아니었다. 조선 시대에는 복합어로서 이 용어의 용례가 발견되지 않기 때문이다. 그 이유는 '현모'와 '양처'라는 용어가 별개로 존재하였기 때문이다. '현모'는 지금과 마찬가지로 현명한 어머니라는 뜻이었지만 '양처'는 전혀 다른 의미로 사용되고 있었다. 양인과 천인 사이의 혼인이 기본적으로 금지된 조선 시대에 '양처'는 천인과 결혼한 '양인 신분의 여성/처'를 지칭할 때 쓰이는 일종의 신분적 용어였다.

더욱이 일본에서도 이 용어는 메이지 시기 근대적 여성 교육이 본격화되면서 사용되기 시작하였다. 일본의 여성 교육은 1899년 7월 고등여학교령이 공포되면서 본격화되었고, 그것의 산파인 가바야마 스케노리(樺山資紀) 당시 문상이 그것의 제정 이유로 "건전한 중등 사회는 단지 남자 교육만으로 달성될 수 있는 것이 아니다. 현모양처와 더불어 가家를 다스림으로써 사회복리를 증진할 수 있다. 따라서 고등여학교는 현모양처가 될 만한 소양을 행하게 하는 데 있다"고 밝히면서였다.

이어 1901년에 취임한 기쿠치 다이로쿠(菊池大麓) 문상은 여학교 교육의 목적을 양처현모주의良妻賢母主義라고 규정하여, 그동안 '현모양처'와 '양처현모'가 혼용되던 이들 용어를 양처현모로 정착시키기 시작하였다.[3] 그 후 양처현모는 일본의 자명한 여성 교육의 이념이 되었다. 이러한 일본의 여성 교육의 이념이 문명개화와 여성 교육이라는 시대적 흐름을 타고 우리나라에도 도입되었다.

여성 교육이 국가의 존폐를 결정하는 중대사로 그 의미가 부여되자, 여성들을 교육의 현장으로 불러내야만 했다. 당시 양반의 딸들은 지식 교육보다는 집안에서 실생활에 필요한 일들을 배우는 것으로 족하다는 인식이 일반적이었으며, 하층의 여성들은 자신들이 교육 받는다는 것은 꿈도 꾸지 못할 일이었다. 따라서 가장 먼저 할 일은 여성들이 교육 받아야 한다는 것을 인식시켜야만 했다.

문제는 방법이었다. 여기에서 주목되는 것이 위대한 역사적 인물과 그의 어머니가 행한 자녀 교육 사이의 연관성을 드러내는 것이었다. 그리고 자식 교육에서 어머니가 차지하는 비중을 설명하는 데 가장 설득력을 가질 수 있는 방식이 바로 자식 교육을 잘한 여성 인물을 과거로부터 소환하는 것이었다. 가장 유명한 인물은 맹모삼천지교孟母三遷之教로 잘 알려진 맹자의 어머니였다. 위대한 성현으로 추앙 받는 맹자라는 위인이 그의 어머니의 훌륭한 교육으로부터 나올 수 있었다는 일화는 여성 교육의 필요를 일깨우는 데 호소력을 갖기에 충분하였다.

여성 교육을 위해 한글로 서술된 교과서, 장지연의 『여자독본』에는 그와 같은 인식이 분명하게 드러난다. 장지연은 '모성'과 '부덕'이라는 측면에서 훌륭한 행적을 보인 역사적 여성 인물들을 통해 여성을 교육하고자 하였다. 신사임당 또한 『여자독본』에 등장한 여성 교육의 모델들 중 한 명이었다.

여성의 계몽과 교육을 목표로 하여 한글로 쓰인 이 책의 전체 구성은 다음과 같다. 총론 격인 1과와 2과가 있다. 다음의 3~11과는 '모덕母德' 장으로 어머니의 도를 잘 실천한 여성들의 이야기를 다룬다. 이들은 김유신, 정여창, 이항복, 이율곡 등의 어머니들로,

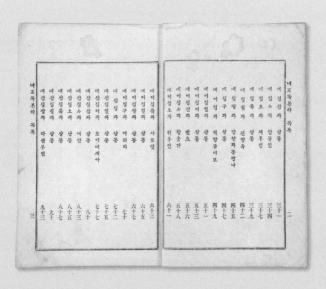

장지연, 「여자독본」
1908년 장지연이 여성 교육의 중요성을 강조하여 여성 교육을 위해 한글로 서술된 교과서이다.(대한
민국역사박물관 소장)

직접적인 행실이나 엄격한 가르침으로 자식을 훌륭한 인물로 키워낸 여성, 즉 어머니의 표상으로 그려졌다. 특히 세 번째 장은 '부덕婦德'으로 처의 덕행이 기술되었다. 온달의 처인 평강공주, 신숙주의 처, 유응규의 처, 인조의 비인 인열왕후 등을 다루고 있다. 이들은 남편의 뜻을 잘 받들고 근검한 행실과 집안일을 잘 처리하여 남편 내조를 훌륭히 수행한 여성 인물들이었다. 30~52과는 '정렬貞烈' 장으로 절개를 지킨 여성의 행실을, 53~64과는 '잡편雜編'으로 논개나 계월향과 같은 여성들의 절개나 허난설헌 같이 재능이 뛰어난 여성 인물들을 다루었다.[4]

이 책은 어머니가 될 여성들을 교육하여 나라를 바로 세우겠다는 일정한 목적을 가지고 여성의 계몽과 교육을 위해 편찬되었다. 그 지향하는 바는 이 책의 총론인 제1, 2과를 통해 확인할 수 있다. 1과의 내용은 다음과 같다.

여자는 나라 백성 된 자의 어머니 될 사람이다. 여자의 교육이 발달한 후에 그 자녀로 하여금 착한 사람이 되게 할 수 있다. 그런 고로 가르침이 곧 가정 교육을 발달시켜 국민의 지식을 인도하는 모범이 된다.[5]

1과의 내용은 2과에서 더욱 구체화되었다. 어머니가 학문이 없을 경우에 애정만으로는 자식에게 제대로 된 교육을 하기 어렵다는 것이다.[6] 이것이 가정 교육의 담당자, 미래의 어머니로서 여성들이 교육 받아야만 하는 이유였다. 여기에서 신사임당은 '율곡의 어머니'로 소개되었다.

> 제7과 이율곡 모친
>
> 문성공 율곡 이이의 모친 신부인의 별호는 사임당이다. 덕행을 구비하고 재능과 기예를 겸전하여 글씨와 그림이 또한 옛 지나(중국)의 진나라 위 부인과 같았다. 세상 사람이 신부인이 그린 포도를 명화라 하였다. 부인의 재덕이 이러하므로 그 아들 율곡 선생도 가정 교육을 받아 일국의 명현이 되었다.[7]

이 책에서 신사임당을 소개하는 요점은 두 가지이다. 하나는 신사임당이 재주와 덕행이 있다는 점이고, 다른 하나는 그 때문에 가정 교육을 잘하였을 뿐만 아니라 그 덕분에 이율곡이라는 위인이 나올 수 있었다는 것이다. 신사임당은 상당한 지식과 재능을 가진 인물이라는 점에서 교육 받은 여성이 가진 장점을 잘 드러낼 수 있는 인물이었다. 더욱이 조선 시대부터 신사임당은 율곡의 훌륭한 어머니로서 명망이 있었기 때문이다.

당대에 화가로 유명하던 신사임당은 17세기 송시열에 의해 유교적 부덕을 갖춘 '신부인'으로 자리매김되기 시작한 이래, 그 연장선에서 18세기 노론에 의해 '율곡의 어머니'로 부각되었다. 19세기에는 모든 사람이 우러러야 하는 모성의 담지자로 사람들에게 회자되고 있었다.[8] 이러한 인식적 기반이 있었기에 신사임당은 가정 교육에 힘쓴 어머니상으로 조선 시대로부터 곧바로 소환될 수 있었다. 당시 신사임당은 지식과 소양을 갖춘 여성이 자녀 교육에 얼마나 적합한지를 입증하기에 최적화된 인물이었던 것이다.

그렇다고 해서 당시 '현모양처' 여성상이 '전통적 여성' 그 자체는 아니었다. 여성 교육을 통해 탄생한 '현모양처'는 근대 산업사회 이후 서구의 여성론에 영향을 받아 근대 일본이 만들어낸 여성상이었기 때문이다. 남성은 밖에서 일을 하고, 여성은 가정에서 남편 내조와 아이 양육 및 교육을 하여야만 한다는 남성과 여성 사이의 역할 분담론에 기반한 것이었다.

특히 현모양처는 민족주의와 식민주의가 여성에게 동일하게 요구하는 여성 모델이었으며, 식민지 시기에도 거의 비슷한 맥락에서 이들 양자에 의해 지속적으로 주창되었다. 조선의 민족주의 지식인들은 조선의 독립을 위한 국민 양성이라는 측면에서, 식민주의자에게는 조선인의 최소한의 문명화와 제국의 신민으로 만들기 위한 방편으로 근대 여성 교육이 필요하였다.

따라서 당시 문명화라는 사명에 의해 제기된 여성 교육은 과거 우리나라 여성의 생활 방식을 열등한 것으로 위치지음으로써 그 당위성을 확보하였다. 과거와의 단절을 통해 새 시대의 신문명으로 나아가야 한다는 사고를 통해 조선 사회를 변혁시켜야 한다는 인식이 지배적으로 작동, 조선의 기존 질서들이 부정되었다.[9]

우리는 과거의 봉쇄주의 내방주의 무교육주의에서 뛰어나와 교육하여야 합니다. 우리 여식으로 하여금 양처良妻되고 현모賢母되게 하여야 합니다. 여자 교육은 양처현모良妻賢母되게 하는 것이 최대의 목적입니다. 보시오. 자고로 영웅의 어머니가 영웅이 아니고, 영웅의 처가 영웅이 아닌 자가 있습니까? 그런고로 여자를 교육시키지 않을 수 없는 동시에 그 부모는 반드시 양처현모되게 하여야 한다는 것을 망각해서는 아니 됩니다. 교육을 받는 자신 또한 양처현모가 된다는 것을 잊어서는 아니 됩니다.[10]

과거의 조선 여성이 봉쇄주의, 내방주의, 무교육주의 상태에 있었다면, 여성 교육과 그 결과물인 현모양처는 과거 유물의 청산이었다. 구여성과 대비하여 신교육이라는 새로운 문명의 수혜를 받은 여성이 현모양처였기 때문이다. "구舊를 버리고 신新을 환영하여 먼저 그 자제로 하여금 신문명新文明에 목욕하고 세계 조류의 세례"를 받게 하기 위해 현모양처가 되어야 한다는 것이다. "현모양처는 결코 무식한 여자에게는 무가망 불가능"이기 때문이었다.[11] 여성 교육의 이념으로서의 현모양처, 그리고 거기에 내재된 어머니와 아내의 역할 모델에는 구시대의 여성과는 일별을 고하는 것이었다. 결국 여성 교육의 계몽기라 할 수 있는 한말과 식민지 초중기의 '현모양처'는 근대 교육의 수혜자로서, 과거와는 전혀 다른 '새로운 여성'을 의미하였다.

식민지 초중기까지도 신사임당이 '현모양처'와 직접적으로 연결되는 담론은 보이지 않는다. 다만 신사임당에 대한 기사가 간간이 실리는 정도였다. 여기에는 그녀의 그림이나 글씨 그리고 시가 소개되어 있어, 당시 신사임당은 주로 예술인으로 주목을 받고 있었다고 할 수 있다.

『매일신보』의 '일사유사逸士遺事' 코너에서 신사임당은 어머니의 모습보다는 그녀의 예술 및 지적 재능과 능력으로 인정 받았다. 영리하고 재주가 뛰어나 어릴 적에 경서와 사서를 섭렵하였다. 글과 그림을 잘하였으며, 7살에 이미 안견의 그림을 본떠 산수화를 그렸다는 것이 핵심 내용이었다.[12] 그 후에는 '동시총화東詩叢話' 코너에 신사임당에 대한 개략적인 소개와 함께 그의 시 '사친思親'이 소개되었다.[13]

1925년 7월 『개벽』 지에서도 도쿄미술학교를 나온 우리나라 최초의 서양화가로 알려진 고희동이 조선 13대 화가 중 한 사람으로 신사임당을 꼽는다. '우리 미술의 자랑', 특히 '그림'을 주제로 글을 쓴다는 그는 안견, 담징, 정선, 김홍도 등 걸출한 조선의 화가들과 어깨를 나란히 하는 화가로 신사임당을 소개하였다.[14] 1930년대 말에는 '석년금일昔年今日', 즉 '과거의 오늘'을 소개하는 코너에 신사임당이 사망한 날을 기리며, 그녀의 특출난 지식과 재능 그리고 예술가로서의 탁월성에 대해 논하고 그녀를 애도하기도 했다.[15]

이렇게 보면 식민지 초중반까지도 신사임당은 율곡의 어머니로서의 명망과 함께 예술가로서의 정체성을 상당히 강하게 가지고 있었다. 그녀는 식민지 시기에 이르기까지 예술인으로 지속적으로 주목 받으면서 여성 교육의 필요성을 설득하는 좋은 본보기

『대한매일신보』
1904년 7월 18일 서울 전동(지금의 종로구 수송동)에서 한·영 양국어로 발행하였다. 편집인 겸 발행인은 영국인 베델이었다. 고종의 은밀한 보조와 애국지사들의 지원을 받았다. 하지만 1910년 조선총독부에 강제 매수되었고, '대한' 자를 떼어내고 『매일신보』로 발간되었다.

였다. 현모양처가 근대 교육의 수혜자라는 점에서 신사임당이 현모양처 여성상과 정합적으로 합치되지는 않았지만, 지식을 가진 여성이 가정 교육·자녀 교육에 탁월하다는 점을 입증하기에 최상의 조건을 지녔기 때문이다. 신사임당은 이를 위해 과거로부터 전격 소환된 역사적 인물이었던 것이다.

신사임당과 '현모양처'의 조우

1920, 30년대 식민지 조선 사회에서는 여성과 관련된 다양한 논의들이 홍수를 이루었다. 『동아일보』, 『조선일보』 등 조선인에 의한 한글 신문과 수많은 잡지들이 발간되기 시작했고, 근대 교육의 수혜자인 여성들이 사회로 진출하기 시작한 것이 그 배경으로 작용하였다.

이들은 여성과 남성 사이의 관계성이나 그들에게 사회가 요구해온 성도덕에 대한 담론을 생산하기도 하고 몸소 실천하기도 하였다. 현모양처 양성이라는 여성 교육의 이념에 비판의 목소리를 내는 일군의 여성들도 출현하였다. '신여성'으로 불린 나혜석, 김원주, 김명순 등은 조선 사회의 여성과 남성에 대한 이중적 잣대에 경멸과 조소의 언어들을 쏟아냈다. 남성들에게 '현부양부賢父良夫'를 요구하지 않으면서 여성들에게만 현모양처를 요구하는 것의 불합리함과 여성에게만 요구되던 정절이나 도덕관에 전면적인 문제를 제기하였던 것이다.

신여성
1930년대 신여성은 '외래식 화장'과 '두발을 지저 양洋머리'를 하고 다니는 '모던병자'라는 손가락질을
받았다. 신여성의 모습을 풍자한 1927년 『별건곤』 1월호

그러나 이들에 대한 대항 논리 또한 만만치 않았다. 현모양처는 인격적 평등에 기초한 일종의 성별 분업으로, 이는 하늘로부터 부여받은 일종의 직분이라는 논의에서부터 생리학적으로 여성이 아이의 양육 및 교육에 적합하다는 모성 신화 등은 현모양처론이 자기 정당성을 확보하는 주요한 인식론적 기반이었다.

나아가 조선 민족의 발전이라는 민족적 정서에 호소하는 것 또한 하나의 방법이었다. 가장 대표적인 인물은 허영숙이었다. 산부인과 의사이자 현모양처론자인 그녀는 조선의 흥망성쇠가 어머니에 의해 결정된다는 점에서[16], 부인을 "크고 무겁고 거룩하고 위대한 새 천직을 발견"한 "조선의 딸", "새 조선의 어머니"로 규정한다.[17] 비슷한 논의는 이은상에게서도 보인다. "결함만을 소유한 조선의 여성이기 때문에 결함만을 소유한 조선"이라는 묘사와 아울러 "조선 민족의 모성", "조선의 어머니" 등의 언어를 통해 여성을 민족의 어머니로 규정한다.[18] 이는 당연히 조선 민족의 장래가 어머니인 여성의 손에 달렸다는 논리로 귀결되었다. 이러한 인식은 후일 그가 신사임당을 '민족의 어머니'로 만드는 데 가장 큰 역할을 담당하게 되는 기반이었다고 할 수 있다.[19]

여성을 민족성과 동일시하는 젠더 담론은 1930년대 근대 비판의 분위기 속에서 더욱 더 힘을 얻기 시작하였다. 모더니티 비판이 전면화되면서 신여성이 '나쁜 여성'으로 의미화되기 시작하였다.

당시 사회적 담론들은 신여성들을 향해 짧은 치마에 뾰족 구두를 신고 남자의 노력의 대가를 빼앗아 가는, 도적년 소리를 들어

신여성 풍자
팔자 좋은 신여성의 모습
을 그린 시사 카툰. 1933년
『신동아』 1월호에 이상범이
그렸다.

도 쌀만큼 천박하기 짝이 없는 동물들이라는 독설을 퍼부었다. 이와 같은 낙인은 신여성들이 가정 살림을 제대로 하지도 못하고, 하려는 의지도 없는, 즉 살림은 전혀 안중에 없는 여성들이라는 논리로 귀결되었다. 그리하여 신여성들은 '외래식 화장'과 '두발을 지져 양▽머리'를 하고 다니는, 무분별하게 서구적 스타일을 맹종하는 '모던병자'의 상징이 되어갔다.

더욱이 이들에 의해 표상되는 소비 문화에 대한 사회적 비난역시 뚜렷하게 나타났다. 식민지라는 가난한 경제 상황에서, 소비적인 향락을 추구하는 모던걸, 모던보이는 병적인 것을 넘어 기형적이기까지 했다.[20] 당시 '신여성' 담론은 현실에 존재하는 사실을

'있는 그대로' 반영한다기보다는, 현실을 구축하고자 하는 담론의 성격을 지니고 있었다.

나아가 모더니즘에 대한 비판은 동시에 '전통'에 대한 향수를 드러낸다.[21] 특히 "나팔 통바지, 폭넓은 넥타이, 가느다란 발모髮毛, 더벅머리형의 두발"의 모던보이, "원숭이 궁둥짝 같은 홍안, 핏빛 같은 구홍口紅, 제비고리 같은 눈썹, 송곳 같은 구두 뒤축"의 모던걸[22], 그들의 외양에서 '전통의 그림자'를 찾으려는 노력은 '우리 것'에 대한 그리움으로 나아갔다.

외국 문화에 밀려 '우리의 고상하고도 그윽한 맛이 있는 조선예법朝鮮禮法'이 점점 사라져 가는 것을 안타까운 시선으로 바라보았다. 그리하여 동양의 전통, 특히 우리 조상의 교훈으로 다시 돌아와 조선 여성의 새로운 교양을 만들 것을 강변한다.[23] 여성 교육에는 무엇보다도 "재래의 아름다운 전통과 교양"이 필요하다고 역설되었다.[24] 이것이 바로 "전통을 존중하는 이가 현모양처주의를 고집하는" 이유였다.[25] '기성적 현모양처주의'에서 남성과 여성이 지니고 있는 '본질적 성적 차별'은 존중하면서, 그로부터 만들어진 '계급적 차별'만을 제거하여 현모양처주의를 '이상적 여성도덕'으로 삼아야 한다는 것이다.[26]

이러한 사회적 분위기에서 '현모양처'는 문명 개화·계몽된 여성의 이미지를 벗어 버리고, 동양적 도덕·가치로 구성된 조선의 '전통적 여성'의 모습으로 재현되기 시작한다. 현모양처가 전통으로 재정의되는 방식은 과거로부터 현모양처의 모델을 소환하여

1923년 9월에 창간된 여성 잡지 「신여성」의 표지
초대 편집 겸 발행인은 박달성朴達成, 제3호부터는 방정환方定煥, 1931년 7월호부터는 차상찬車相
瓚이 맡았다. 여성 교양, 계몽, 생활, 모던걸 등 신여성을 둘러싼 이슈를 주로 담았다. 이은상은 1925년
「신여성」 6·7월호에, 차상찬은 1931년 「신여성」 3월호에 신사임당을 소개하였다. (아단문고 제공)

전형화하고 본질화하는 것이었다. 여성의 모성적 역할이 다시금 강조되는 한편, 자식 교육의 모델을 과거에서 찾기 시작하였기 때문이다.[27] 부인에게 가장 아름다운 칭호가 현모양처라고 생각한다는 어느 필자는 이러한 여성으로 서성徐渻의 어머니 이씨李氏를 꼽는다.[28] 동시에 이이의 어머니인 신사임당, 강감찬과 김부식의 어머니, 이후재 부인, 황봉의 처, 충무공의 부인 등이 현모양처의 역할 규범을 구현하고 있던 역사적 여성 인물들이었다.[29]

그 중에서도 특히 신사임당은 이러한 여성상을 구현하였던 최고의 선발 주자였다.[30] 모더니티가 풍미하던 1920년대 신사임당은 그다지 주목받는 인물은 아니었다. 그런 반면 1930년대에는 과거의 여성 인물들을 본격적으로 재소환하기 시작한다. 신사임당 또한 여러 필자들에 의해 논의되었다.

가장 먼저 신사임당에 주목한 인물은 차상찬이었던 듯하다. 그는 1931년『신여성』3월호에 '허정승의 누님과 이율곡의 어머니'라는 글을 써서 신사임당을 소개하였다. 그 후 1937년에는 '조선 역사상 명부인 열전'이라는 글을『가정지우』에 연재하면서 그가 가장 먼저 거론한 인물 또한 신사임당이었다.[31] 그 외에도 1934년 10월부터『동아일보』에 '조선의 마음(朝鮮心)과 조선의 색(朝鮮色)'이라는 연재물이 기획되었는데, 신사임당은 이 시리즈의 두 번째 주인공으로 등장하였다.[32] 당시 신사임당에 대한 글들의 내용은 구체성에서는 조금씩 차이가 있으나 대체로 비슷하였다.

여기에서는 자신을 경성제국대학 법문학부에서 조선문학사,

그 중에서도 여류 문학을 전공한다고 소개한 학생의 글을 통해 당시 신사임당이 어떻게 형상화되고 있었는지를 살펴보겠다.

한 사람으로서 여러 가지 방면에 능통한 이를 들춘다면 (중략) 사대부가 부녀士大夫家婦女로는 오직 사임당신씨師任堂申氏 한 사람을 들 수 있다. (중략) 위대한 시인詩人이오 문인文人이오 서가書家요 교육가敎育家요 경세가經世家가 될 사임당은 어린 시절에 미래에 대한 촉망이 참으로 컸었다. (중략) 포도산수, 초충, 매화 등 자연생물을 그림의 대상으로 한 위대한 화가임을 알 수 있다. (중략) 사임당 전기에서 잊어서 안 될 것이 어머니로서의 사임당이다. 사임당은 아들이 율곡 하나인 것 같으나 사실은 아니었다. 율곡 밖에도 위로 선璿 번璠 두 아들과 아래로 우瑀 한 아들 형제를 낳아 다 같이 사임당 스스로 교육을 시키었다. 모두 학식과 덕행이 높은 사람들로 특히 넷째 아들인 우는 어머니 사임당의 정기를 타고나서 여러 가지 예술 분야에 조예가 깊은 중 특히 금서시화琴書詩畵를 잘 하야 시인時人이 사절四絶로써 칭찬하였다. (중략) 역사적 사건을 터트린 유종 중 한 사람인 율곡을 생각할 때 반드시 사임당을 생각지 않아서는 아니 된다. (중략) 아들을 가르친 교육 현모賢母라는 자격으로 그러하다. 이와 같이 사임은 율곡을 가르쳤고 율곡 밖에도 모두 훌륭한 세 아들을 길러낸 현모이자 교육가다. 사임당은 현모에 그치지 않았다. 학업에 있어 공소空疏한 지기 남편을 도아 평소에 실책失策이 없도록 하였다. (중략) 사임당은 남편의 기문 출입이 결말에는 좋지 않을 것을 알고 남편을 대하야 큰 화가 있을 것이니 기문 출입을 끊기를 간청했다. 이리하야 그 남

신사임당, 전서 「여여」(비단에 먹, 15.7x11.6cm, 오죽헌시립박물관 소장)

편을 이기가 실패할 때 그 화판에서 구해냈다고 한다. 또 한 가지는 사임당이 자기가 일찍 죽을 것을 미리 알고 죽은 뒤 자기 남편이 재취하는 것이 자식들에게 크나큰 불행이 있으리라는 것을 만단개유萬端改諭하였다. 사임당이 죽은 뒤 과연 재취를 아니 하고 자식을 위하여 가진 힘을 다했다 한다. 이 설화는 단순히 생각할 것이 아니라 사임당이 현모양처로서 위대했다는 일단을 설명하는 것이라고 해석한다.[33]

위의 글에서 신사임당은 크게 세 가지 점에서 주목되는 인물로 그려졌다. 우선, 신사임당이 가진 예술적 재능과 학식에 대한 것이다. 신사임당은 경서와 사기 등을 통달하여 학문에 박학다식하였을 뿐만 아니라, 산수화 및 글씨에 예술적 재능을 가진 여성이었다. 특히 문예와 미술에서 신사임당이 보인 예술적 재능은 알려진 것보다도 그 실상이 더욱 훌륭하였다는 평가를 했다. 보통 사람은 한 가지 재능만 있어도 대단한데, 신사임당은 글을 잘 짓는 문장文章, 글씨 잘 쓰는 명필名筆, 그림 잘 그리는 명화名畫, 자수를 잘 하여 명수名繡라고 평가되었다. 한 몸에 네 가지 재주를 모두 겸비하였으니, "그 얼마나 고명하고 얼마나 빛나고 얼마나 찬란한 것은 다 말할 수가 없다"는 것이다.[34]

둘째, 자녀 교육자이다. 여기에서 흥미로운 것은 신사임당이 행한 가정 교육을 강조하는 방식이 다소 변화하였다는 점이다. 이전에 율곡만 언급하던 데서 그치지 않고, 네 아들을 모두 언급하기 시작하였다. 특히 넷째 아들 우瑀가 당대에 이름을 떨친 명필

신사임당, 전서 「보保」(비단에 먹, 15.7x11.6cm, 오죽헌시립박물관 소장)

이었다는 사실이 크게 부각되었다. 그는 사임당이 가진 예술적 재능을 물려받아 예술 분야에서 조예가 깊었다고 평가 받았는데, 거문고를 잘 타고 시를 잘 지어 당시 사람들에게 칭찬이 자자했다고 한다. 그 중에서도 서법이 지극히 절묘했다고 전해지는데, 호마자胡麻子, 즉 깨알에다 거북 구龜 글자를 쓰고, 콩을 반 쪼개어 한편에다 오언절구五言絕句 한 수를 쓸 정도였다고 한다. 더욱이 그 자획이 매우 절묘하여 당시 선조가 그를 무척 아꼈다는 이야기를 전하기도 하였다. 율곡이 조선유교사상 유종儒宗의 한 사람으로 너무나 특출했기 때문에 그동안 다른 형제들이 주목 받지 못하였을 뿐, 사임당의 교육 덕분에 모든 아들들이 훌륭하게 자라났다는 것이다.[35]

그럼에도 불구하고 신사임당의 세 딸들은 여전히 재현의 대상이 되지 못했다. 신사임당을 닮아 시·서·화에 능했다고 전해지는 큰딸 매창조차 전혀 언급되지 않았다. 이는 '어머니'가 아닌 여성은 당대 관심의 대상이 아니었다는 것을 의미한다.

셋째, 남편에 대한 내조자이다. 그동안 신사임당의 모습이 '현모'에 초점이 모아졌다면, 이제는 그녀가 가진 '양처'의 모습이 부각되기 시작하였다. 사임당이 훌륭한 자녀 교육자에 그치지 않고, 자기 남편에게 실책이 없도록 현명한 내조를 했다는 것이다. 여기에는 두 가지 일화가 전해진다.

하나는 을사사화의 주역인 이기李芑와의 관계를 끊게 한 일화이다. 덕수 이씨인 남편 이원수李元秀는 이기李芑의 동족으로 그 집

파주 법원리에 있는 이원수와 신사임당 부부 묘
신사임당을 양처로 부각하면 할수록 남편 이원수는 부인 사임당에 비해 한참이 모자라는 인물로 그려지는 아이러니가 벌어졌다.

안에 자주 출입하였다. 이기는 당시 영의정에 올라 그 권세가 하늘을 찌르던 때였다. 그러나 사임당은 이기가 무고한 선비들을 많이 죽이고 정권을 잡은 것이기 때문에 그의 결말이 좋지 않으리라는 것을 예견하고, 남편의 그 집안 출입을 말렸다. 과연 사임당의 예측대로 이기는 죽은 후 봉호가 삭탈되고 묘비가 뽑히는 등 그 말로가 평탄치 않았다. 그리고 신사임당의 간청을 받아들인 남편 이원수는 과연 화를 면할 수 있었다.

다른 하나는 신사임당 자신이 남편보다 일찍 죽을 것을 알고 남편의 재혼을 말린 일이다. 이 일화에 따르면, 신사임당은 재주가 출중한 반면 몸이 허약하여 병으로 많은 고생을 하였다. 사임당은 자기가 먼저 죽을 것을 예측하고, 아들들의 장래를 위해 다시 장가들지 말 것을 남편에게 미리 당부하였다. 신사임당은 일찍이 공자와 증자가 처를 버리고 다시 장가가지 않은 것과 주자가 47세에 부인이 죽었음에도 재혼하지 않은 사례를 예로 들며, 남편에게도 두 번 장가가는 것이 불가하다는 점을 강변하였다.

그 후 신사임당이 마침내 48세의 나이로 생을 마감하니, 이원수는 부인이 부탁하던 대로 혼인하지는 않고 첩만 얻어 일생을 보냈다고 한다. 그리고 자식들을 위하여 가진 힘을 다하였다는 이야기이다. 자신 사후 남편의 재혼을 막은 것이 '훌륭한' 일이었는지는 알 수 없으나, 당시 신사임당은 남편의 부족한 부분을 일깨워 바른 길로 이끌었던 '내조의 여왕'으로 담론화되기 시작했던 것이다.

그런데 이러한 일화들이 흥미로운 것은 신사임당의 남편 이원수에 대한 당시의 해석이다. 신사임당이 양처로서 지니고 있던 지혜와 부덕을 강조하기 위하여 남편 이원수를 재현하는 방식이 눈길을 끈다. 실제 이원수가 어떠하였는지 정확히 알기는 어려우나, 이러한 논의에서 남편 이원수는 사임당에 비해 한참이 모자라는 인물로 그려진다.

"그 남편은 학문이 부족함으로 사회 교제와 행세 범절이 어두웠다. 그럼으로 부인이 항상 간하고 지도하야 남에게 실수함이 적게 한 것을 보면 어신 부인이라 히겠다"[36], "그 남편은 학문이 부족함으로 모든 일에 망매茫昧하셨다"[37]거나, "이씨는 아직 학문이 천박하고 하는 일이 실수가 많음으로 부인이 항상 가르쳐서 내조를 하였다"[38]든지, "학업에 있어 공소空疎한 자기 남편을 도아 평소에 실책이 없도록 하였다"[39]는 등의 묘사가 그것이다.

결국 1930년대 신사임당은 이율곡뿐만 아니라 4명의 아들 형제를 모두 잘 교육시킨 '현모', 부족한 남편을 현명한 길로 이끈 내조 잘하는 '양처'의 모습으로 재현되었다. 이것이 "신사임당이 현모양처로서 위대했다"는 이유였다.[40] 아울러 서구적 근대에 대한 비판과 전통론이 대두되는 사회적 분위기에서 현모양처가 '전통' 및 '동양적 가치'로 재구성되면서, 신사임당이라는 조선 시대의 여성이 '현모양처'의 전형으로 창출되기 시작했던 것이다.

군국의 어머니, 총후부인

1930년대 '전통적 현모양처'로 표상되기 시작한 신사임당은 식민지 말기 다시 한번 이미지 변신을 경험한다. 그것은 조선이 일본 제국의 총력전 체제 안으로 끌려 들어가기 시작하면서 일어났다.

주지하듯이 1937년 중일전쟁 후 일본의 제국적 질서에 포섭되어 있던 식민지 조선의 상황 역시 또 다른 전환기를 맞는다. 그동안 조선인의 병역 문제에 대해서는 대단히 신중한 자세를 취해왔던 식민지 당국은 1938년 2월 '육군특별지원병제도'를 실시하고 조선인 남성을 선별하여 병력으로 차출하기 시작하였다.

그런 와중에 1941년 12월 일본의 진주만 기습으로 전선이 태평양으로 확대되자, 병력 수급은 가장 급박한 현안이 되었다. 태평

양전쟁의 발발은 그들로 하여금 식민지에서의 병력 동원 문제를 적극적으로 사고할 수밖에 없게 만들었다. 이것이 의무 교육 실시와 조선인의 황민화 정도에 대한 자신감을 병력 자원으로 동원할 수 있는 전제로 삼고, 2, 30년 후에나 가능하리라고 보았던 징병제를 일본이 서둘러 실시한 이유였다. 일본은 최소한의 준비 작업을 거쳐 식민지 조선에 마침내 징병제를 실시하였다. 1943년 징병 적령 신청을 받고, 1944년 4월부터 징병 검사를 하여 9월부터 현역 병들을 입영시키기 시작하였다.[41]

총동원 체제가 되자 조선총독부는 여성들을 '총후의 부인'으로, '군국의 어머니'로 전쟁에 적극 동참시키기 위한 노력을 경주하였다.[42] 일본에서도 여성들은 아들을 낳아 국가에 기꺼이 바치는 '성스러운 어머니', 남편의 전사 통지를 숭고하게 받아들이는 '엄숙한 전쟁 미망인'의 모습으로 조국에 헌신하도록 독려되었다. "전쟁에서 죽을 수 없다는 굴욕"을 가진 여성이 '군신의 어머니'가 됨으로써 군신의 영웅성에 맞설 수 있게 된다는 것이다.[43]

평시에 여성은 현모양처로서 미래의 국민을 양성하는 국가의 일원으로서의 역할을 다하는 반면, 전시의 현모양처는 군국의 어머니·총후부인으로 국가에 헌신하기를 요구받았던 것이다. 이는 사실상 전시 판 현모양처론·젠더론에 다름 아니었다.

그럼에도 불구하고 실질석으로는 젊은 남성을 전쟁에 동원하려 할 때, 특히 어머니의 존재는 하나의 장애가 될 수 있다. 지원병과 관련된 좌담회에서 김동환이 지원병뿐만 아니라 지원병의 어

1936년에 창간된 『여성』의 표지
본격적인 여성종합잡지를 표방한 『여성』은 모성, 결혼, 연애, 요리, 신여성, 직업의 문제, 성생리학, 패션 등에 관한 기사를 실었다. 신구현申龜鉉은 1939년 『여성』 9월호에서 부족한 남편을 현명한 길로 이끈 양처 신사임당의 모습을 강조하였다.(아단문고 제공)

머니를 대상으로 교화와 계몽이라는 적극적인 선전을 해야 한다고 제안한 이유도 여기에 있다고 하겠다.[44] 그러므로 아들을 전쟁에 내보내는 것을 반대하는 어머니를 설득하기 위해 조선총독부는 조선 여성들도 일본 여성들을 본받아 군국의 어머니로 거듭나자는 선전을 대대적으로 전개하였다. 징병령 시행을 앞두고는 여성 교육을 맡고 있던 고등여학교의 책임자들의 좌담회가 개최되었고, 이 내용이 『조광』에 실리기도 하였다. 그 자리에서 그들은 '역사적인 징병령 실시'에 대비하여 "군인의 가족으로서 군인의 아내로서 또 군인의 어머니로서 과연 어떠한 수양을 할 것인가"를 논의하였다. [45]

식민지 조선의 여성을 동원하기 위해 당시 조선총독부 또한 다각적으로 분투하였다. 여기에는 조선의 문화 예술계가 적극 동원되었다. 전국 방방곡곡의 대중들에게 호소력을 가질 수 있는 영화, 연극, 야담·만담 등 예술 문화 공연이 주요한 교화와 계몽을 위한 수단으로 주목받았기 때문이다. 그 중에서도 '야담만담부대'의 활약은 실로 대단하였던 듯하다.

야담만담부대는 1942년 8월 춘원 이광수가 군보도부의 청탁으로 당시 야담계의 거장으로 불린 야담가 신정언을 '조선담우협회' 사무실로 찾아가 교량적 역할을 하면서 결성되었다. 그동안 "군보도부는 1944년 싱병제 실시를 앞두고 징병제 취지를 널리 알리고, 농어촌과 산간벽지에까지 보급 선전하기 위하여 이미 강연이나 만화 등으로 선전을 하였지만, 이번에는 야담 만담가들이 그 책무

를 맡을 것을 명령하고 있다"는 것이다.[46]

이들의 순회공연은 징병제의 취지를 조선의 구석구석까지 알리고 선전하는 것이 목표였다. '말하는 교화 미디어'로 평가되는 그들의 일과는 하루에도 몇 차례씩 공연을 해야 하는 빡빡한 일정이어서, 거의 자정이 다 되어 끝날 때가 적지 않았다고 한다.[47]

당시 전국을 돌아다니며 징병 독려를 위한 순회공연을 했던 신정언은 공연에 대한 전반적인 상황을 『매일신보』 지면을 통해 상세히 전달하였다. 공연 일정, 공연 장소까지 이동하는 동안 겪었던 고생담 그리고 공연장의 모습이나 청중들의 반응 등 공연과 관련된 다양한 광경을 생생하게 묘사하였다. 1943년 1월 11일부터 6월 18일까지 109회에 걸쳐 연재된 '징병취지徵兵趣旨 야담만담행각野談漫談行脚'을 통해서였다.[48]

특히 1943년 3월 19일 자 신문에는 '강원 편'이 실렸는데, 양양 및 강릉에서 행한 공연 상황을 소상히 설명하였다. 신정언은 여기에서 신사임당을 '군국의 어머니'로 적극 소환하였다.

공연을 유쾌히 마친 뒤 급한 마음으로 양양을 향하여 떠났다. 그것은 양양이 당일 야간 예정지인 까닭이다. 낙산사의 어렴풋한 자태들 멀리서 바람이 뺨을 스쳤다. (중략) 그 공영권共榮圈의 수호지가 될 반도의 징병령 취지를 듣게 되시는 부처님도 응당 아미타불을 불으시며 환영하시는 줄 알았다. 장내에 운집한 400여 명의 청중은 그 부처님과 같은 깨끗한 심전의 고랑에 병역이란 씨를 잘 받아 장차로 천기만엽이 너울거리는 것

1936년 12월에 창간한 『가정지우』의 표지
조선금융조합연합회에서 발행한 관변 잡지이다. 1938년 8월호부터 이름마저 『家庭之友』로 변경하였다. 농촌 여성들이 그 대상이며 농촌 생활 개선, 전래 민요, 고전 소설을 주 내용으로 삼았다. 중일 전쟁이 발발한 후 발간된 제7호(1937년 9월호)부터 전쟁을 선전·선동하는 기사들을 담았다.(아단문고 제공)

과 같은 황군이 배출할 기개가 넘쳤다. (중략) 나는 공연의 첫 화제로써 "제군 우리 일행이 이 강릉에 이른 것은 한송정에 올라 송풍을 쏘이자는 것도 아니요 (중략) 오직 소화 19년부터 실시되는 징병 제도의 취지를 전하려 온 것입니다. 그럼으로 따님을 나시려던 신사임당과 같은 따님을 나시여 군국軍國의 어머니로서 받치고 (중략) 아들을 나시여 황국의 방패로 바치시기를 축祝하는 바입니다. 진충보국盡忠報國에 있어서 문무文武의 구별이 없을진대 율곡 선생과 같은 아들을 나시여 황국신민皇國臣民으로 받치소서. (중략) 방금 황국중문皇國重門은 세 갈래로 통개되어 창해역사와 같은 용장勇壯 율곡 선생과 같은 양상良相 신사임당과 같은 현모賢母가 이 반도, 반도 중에서도 이 강릉에 어서 들어오랍시는 성은聖恩이 내리셨습니다."⁴⁹

공연을 보러온 청중에게서 '황군의 기개'를 느끼는 야담가 신정언은 앞으로 실시될 징병제의 취지를 전한다. 그리고 그 지역에서 태어난 걸출한 인물인 신사임당과 이율곡을 통해 징병제를 선전하였다. 그는 신사임당에게서 군국의 어머니를, 이율곡에게서 황국 신민의 모습을 찾아냈다. 율곡과 같은 훌륭한 아들을 낳아 국가에 바치는 어머니의 전형을 신사임당에게서 이끌어낸 것이다.

이 공연이 있기 약 2년 전, 그는 이미 신사임당과 관련된 글을 발표하기도 하였다. 이 글에서 신정언은 신사임당을 '현모양처의 대표적 여성'이자 '백덕백예百德百藝의 사표', '동방의 여성女聖'으로 표현하였다.⁵⁰ 그런데 신정언이 그려낸 신사임당은 1930년대 담론에서 보이는 그녀와는 다소 차이가 있다. 그것은 신사임당의 개인적 품모와 품행, 즉 부덕에 대한 논의의 비중이 이전보다 많아졌다는 점이다.

우선, 신사임당은 어려서부터 지조가 정결하고 행실이 단아하였다는 것이다. 그녀가 행실이 고결한 선비인 아버지 신진사와 숙덕이 높은 어진 부인인 어머니에게 법도가 강한 교훈을 받고 자라 만들어진 인물이라는 점이 강조되었다. 특히 말수가 적고 말을 하더라도 구절구절이 겸손하고 조심성이 흐를 뿐만 아니라 사리에 어긋나고 조리에 빠짐이 없어, 듣는 사람마다 공경하는 태도를 가지지 않는 사람이 없었다고 한다.

둘째, 신사임당의 지극한 효성이 더욱 부각되었다. 그녀가 가진 여러 가지 행실 중 법도에 어긋나는 것이 하나도 없었으나, 가장 으뜸이 된다는 효성이 특히 장하였다고 평가하였다. 만일 부모가 병환이 나면, 신사임당은 본인이 먹고 자는 것을 잊어버릴 뿐만 아니라, 얼굴빛까지 초초하게 변하여 처음 보는 사람들 중에는 그녀가 마치 중병을 앓고 난 것으로 아는 일도 종종 있었다고 하였다. 그래서 강릉에서 사람들에게 신사임당은 '출천지대효出天地大孝', 즉 하늘이 내린 큰 효자라는 칭송이 자자하였다는 것이다.

셋째, 어려운 역경을 꿋꿋하게 이겨내는 신사임당의 모습이었다. 신성언의 글에는 신사임당의 시집살이 이야기가 등장한다. 신사임당은 시집살이를 시작한 지 얼마 되지 않아 집안일을 도맡게 되었는데, 그 살림살이가 어려웠다. 거기에는 두 가지 이유가 있었

이우, 〈게〉(36.8×25.6cm, 오죽헌시립박물관 소장)
사임당의 넷째 아들 이우의 그림은 실물과 구별하지 못할 만큼 정교하고 세밀하다는 평가를 받았다.
이우는 국화, 초충, 게, 수박, 매화, 대나무, 포도 등의 소재를 선택해 즐겨 그림을 그렸다. 이는 어머니
사임당의 영향을 많이 받았음을 보여준다.

다. 하나는 집안의 형세가 궁색했고, 다른 하나는 남편 이원수가 방탕하여 집안을 돌보지 않았다는 것이다. 그럼에도 불구하고 신사임당은 조금도 괴롭고 어려운 기색을 보이지 않고 오히려 살림을 잘 꾸려나갔다. 남편에게는 방탕한 생활 자세를 고칠 것을 공손히 권하였을 뿐만 아니라, 어려운 상황에서도 아들 넷을 한 번도 꾸짖지 않고 반듯하게 가르치니 모두가 어머니를 두려워하고 공경하였다는 이야기다. 더욱이 그녀의 이러한 범절을 본받아 동방東方의 성인聖人이라고 일컬어지는 '신사임당의 교훈의 꽃' 이율곡과 명필로 이름을 떨친 넷째 아들 우가 탄생할 수 있었다는 것이다. 요컨대 신사임당은 '백 가지 덕행과 백 가지 예술이 모범'인 '현모양처의 대표적 여성이었다는 것이다.[51]

야담부대와 함께 문화 선전대 역할을 톡톡히 수행하였던 것은 연극이었다. 연극계 또한 조선총독부 차원에서 진행되었던 전쟁 홍보와 병사 동원을 적극 지원하였다. 신사임당이라는 인물은 최고의 연극 주제였던 듯하다.

1944년 4월 25일 『매일신보』에는 4월 16일 진행된 고이소(小磯) 총독의 신문기자단 회견 내용이 실렸다. 이 기사에 따르면, 회견 석상에서 총독은 "조선 부인은 모름지기 이율곡 선생의 어머님의 본을 뜨라"는 이야기를 한다. "여기에 비로소 반도의 부녀의 나아갈 목표가 새로이 세워졌다"는 것이다. 아울러 그는 "이율곡 선생의 어머님은 어떤 분이며, 어떤 덕행이 있었는가"에 대해 동양극장에서 공연을 준비하고 있다는 소식 또한 함께 전하였다. 즉 널리

이매창, 〈참새와 대나무〉(34.7×27.1cm, 오죽헌시립박물관 소장)

세상의 부녀자들에게 신사임당의 덕행을 보여주기 위하여 그녀의 전기를 연극으로 각색하여 공연을 준비하고 있다는 것이다.[52]

신사임당을 주제로 한 연극은 송영의 희곡 '신사임당'으로 다시 태어났다. 제3회 연극 경연대회 참가작인 이 희곡은 총 3막 6장으로 구성되었다. 이 희곡이 동양극장에서 처음 무대에 올려진 것은 1945년 1월 29일 안영일 연출로 극단 '청춘좌'에 의해서였다. 송영은 이 연극을 기획하는 단계에서부터 징병제를 선전하려는 의도를 가지고 썼다는 것을 드러냈다. 이는 그가 쓴 작품 의도를 통해 확인할 수 있다.

징병제 실시로 반도의 황민화는 급속도로 추진되었다. 폐하의 고굉이 될 수 있는 커다란 감격을 가슴에 안고 용감하게 군문으로 달려가는 반도 남아의 의기도 충성스럽게 빛나지만, 병사를 보내는 어머니들의 성의 또한 충 자체의 현현이다. 그러나 둘도 없는 자기 자식을 충신으로 만들기 위해서는 무엇보다 그 어머니로서의 힘이 위대해야 하고 용감해야 한다. 동양의 현철 율곡 선생님을 낳은 신사임당은 반도뿐 아니라 전 동양 모성의 귀감이다.

필자는 평소에도 그 시대의 신사임당을 숭앙했으며, 그 전기의 일단을 극화하는 데 있어 신사임당의 말과 행동 하나하나가 현재 반도 전체 부녀들의 폐부를 찔러 '보다 나은 모성이 되어 씩씩한 자손을 나라에 바쳤으면 좋겠다'고 생각하기를 염원한다.[53]

新築落成 東洋劇場 今日開館

表龜子樂劇團鄕土訪問大公演

京城竹添町
電話光二
五四番目

表龜子樂劇團은 斯界最高水準을 場大舞臺와相照하야藏藏의觀藏을 朝鮮初有의이것한봄을듬 盛裝豪華한本劇
劇團百戰練磨된技演出코는 鄕土訪問大公演

同時切上映으로獨映의寫眞[스트뤼트特作]曲[八券]賞紅의 作曲[L.G] 作[特超트스]曲[七券오드리王女의映像기!

正히劇藝界의新記錄的空前의重三의畵映,뤼레 [! 오라! 보라! 特別大興行]

(위) 동양극장, (아래) 동양극장 개관 광고
1935년에 지어진 우리나라 최초의 연극 전용 극장이다. 건평 337평의 2층 건물로 648석의 객석을 지 닌 최신식 건물이었다. 동양극장에는 '청춘좌'라는 전속 극단이 있었고, 숱한 명배우를 배출하였으며, 〈홍도야 울지마라〉도 이곳에서 공연하였다. 서울 서대문구 충정로에 있었던 극장은 사라지고, 현재 그 자리에 문화일보가 들어서 있다.

송영은 신사임당의 모성을 본받아, 조선의 여성이 군국의 어머니로 거듭나 자신의 아들을 국가에 기꺼이 바치는 모성이 되기를 바라는 마음에서 이 희곡을 썼다고 밝히고 있다. 그렇다면 송영이 표현한 신사임당은 어떤 인물이었을까. 이는 희곡을 제출하면서 송영 자신이 요약한 희곡의 개요에 근거하여 정리하면 다음과 같다.

신사임당의 남편인 이원수는 아내의 미모에 매혹되어 학업을 게을리 하고 가업을 돌보지 않았다. 이에 신사임당은 자신의 머리를 잘라 결심을 보여주면서 면학에 매진할 수 있도록 남편을 서울로 보낸다. 신사임당은 남편과 10년 동안 별거하면서 위로는 부모에게 효도를 다하고, 아래로는 자녀 교육에 온 힘을 기울인다. 특히 자녀 교육에 몸소 모범을 보여줌으로써 율곡 형제들은 장래 훌륭한 인물이 될 소양을 쌓아간다. 다른 한편으로는 틈을 내 그림을 그렸는데, 닭이 진짜 벌레라고 착각하여 부리로 쫄 정도로 그 실력이 출중하였다.

그런 반면 서울 간 남편 이원수는 기생집을 출입하며 주색잡기에 빠져 지냈고, 이 소문이 향리로 전해지기도 하였다. 인근에서 원수를 비난하는 소리가 컸지만 사임당은 오직 자신의 성의가 모자라기 때문이라며 오히려 자신을 책망할 뿐이었다.

그러던 어느 날 12살의 율곡이 스스로 어머니의 그림을 가지고 상경하여 아버지에게 간언하고, 어머니의 그림을 놓고 돌아왔다. 이는 어머니가 시킨 것이 아니라 사임당의 부덕이 율곡을 통해 저

절로 나타난 것이다. 이에 감격한 원수는 각고의 노력으로 공부에 힘을 쓴 결과, 마침내 관찰사가 되어 고향으로 돌아온다. 그리고 그를 맞는 고향집에는 아버지에게 지지 않을 정도의 학문을 쌓은 율곡 형제가 그를 기다리고 있었다. 그리하여 현명한 부인, "신사임당의 성스러운 이름은 효녀로서, 양처로서, 현모로서 그리고 여류 예술가로서 영원히 빛나게 된다."[54]

신사임당은 남편의 부재에도 하나의 흐트러짐 없이 부모를 봉양하고, 자식 교육에 힘써 아들을 훌륭하게 키워낸다. 전쟁이 일상인, 극한의 시간을 견뎌야 하는 총력전 체제기의 신사임당은 기존의 그녀보다도 더 인내심 강하고 헌신적인 인물로 그려진다. 시련을 극복하는 신사임당의 모습과 연동되어 대비되는 인물이 있었으니, 그것은 바로 그녀의 남편 이원수였다.

1940년대 이원수는 공부를 위해 집을 떠나 있으면서 주색잡기에 빠지는 '방탕한 인물'로 그려진다. 어려운 역경을 헤쳐 나가는 신사임당, 그녀가 '총후부인'으로 거듭나기 위해 그녀의 남편은 더욱 망가지게 된다. 여기에서 아내의 위대성을 위해 남편이 아낌없이 추락하는 아이러니를 연출하였다. 그러나 이는 '부재한 남편', '남편을 부재'하게 만드는 전쟁이라는 척박한 현실을 의미하는 메타포를 그녀의 남편이 맡고 있기 때문이었다.

결국 척박한 현실을 극복하고 '가족을 지켜낸 신사임당'은 아들이 훌륭한 인물로 자랐을 뿐만 아니라 남편이 입신양명하여 돌아옴으로써, 자기 희생에 대한 확실하고도 충분한 보상을 받는 것으로 송영의 신사임당은 막을 내린다.[55] 송영은 시련이 끝나면 영광스럽고 값진 미래가 도래할 것이라는 '달콤한 약속' 또한 잊지 않았다.

요컨대 1930년대 '동양적 가치'로 재구성된 '현모양처'상은 '군국의 어머니'와 '총후부인'의 모습에 효과적으로 연동될 수 있었다. 조선총독부가 신사임당의 공연을 적극 지원한 것도 그녀가 당시 징병 선전에 필요한 아내와 어머니의 이미지 활용에 최적의 조건을 갖췄다고 판단했기 때문이다. 남편의 부재에도 가정 교육에 힘써 훌륭하게 자식을 길러내는 신사임당의 모성은 아들을 국가를 위해 헌신할 수 있는 인간으로 길러내는 '군국의 어머니' 그 자체였다. 남편을 대신하여 가계를 책임지고 집안을 돌보는 그녀의 모습은 전쟁에 나간 남편을 대신하여 후방을 책임지는 '총후부인'의 모습 그대로였기 때문이었다.

신사임당 담론의 동반자, '신여성'에서 '된장녀'까지

러일전쟁 후부터 식민지 시기에 이르는 근 40여 년 남짓한 시간 동안 신사임당은 무려 3번에 걸친 이미지 변신을 한다. 자녀 교육·가정 교육을 훌륭히 해낸 지식 여성, 남편 내조와 자녀 교육에 능한 현모양처 그리고 군국의 어머니이자 총후부인으로 형상화되었다. 그녀에 대한 재현은 당대의 사회적 맥락에 따라 변화하였으며, 신사임당은 정치적 요구에 따라 그 이미지가 연동되어 왔다.

결국 이는 여성들에게 가정 내에서 어머니와 아내의 역할을 잘 하도록 요구하는 일종의 성별 정치학이었다.

그녀가 가지고 있던 다양한 정체성과 명망성 때문에 그녀는 호명 주체들, 즉 국가·민족 그리고 식민주의자들이 가장 선호하던 인물이 되었다. 신사임당은 국가·민족 및 사회가 여성이라는 성별을 가진 집단에게서 요구하는 방식에 따라 동일한 인물이 어떻게 다른 이미지로 형상화될 수 있는가를 잘 보여준다.

여기에서 주목할 만한 또 하나의 사실은 신사임당이 현모양처로, 전통적 여성상으로 발명되는 정치학은 그녀와 정반대에 존재한다고 여겨지는 여성들을 '나쁜' 여성들로 기호화하는 논의와 짝을 이루며 작동하고 있다는 점이다. 서구적 풍조를 무분별하게 모방하며 사치와 허영의 상징으로 인식된 '신여성' '모던걸'에 대한 혐오의 시선이 바로 그것이었다. 국가와 가부장제의 시선에서 이들 여성은 사회의 질서를 어지럽히는 '위험한' 여성들이기 때문이다. 신사임당 담론은 '신여성' 담론과 동전의 양면을 이루며 여성들에게 현모양처라는 젠더 역할을 강화하였던 것이다.

그러나 여성을 불온시하는 담론은 비단 식민지 시기에 그치지 않았다. 신여성 담론은 이후 버전을 달리하며 계속되고 있다. 한국전쟁 이후 국가 재건이라는 프로젝트가 초미의 관심사였던 1950년대, 이들 여성은 '아프레걸' 혹은 '자유부인' 담론으로 이어졌다. 전후 남성 부재의 현실에서 댄스홀로 표상되는 미국 문화의 유입은 가부장제 사회를 위협하는 것으로 여겨졌기 때문이다. 특히 자유부인과 양공주가 위기의 징후로 지목되고 사회적 지탄의 대상이 되면서, 동시에 가정과 국가의 재건이라는 시대적 과제를 위해 신사임당이 다시금 전통적 현모양처의 상징으로 재소환되었다.

나아가 현대의 '된장녀' 혹은 '김치녀' 담론 또한 이와 맥을 같이하고 있다. 『대중문화사전』(현실문화연구, 2009년)에 따르면, 된장녀는 2006년 야후코리아가 조사한 인터넷 신조어와 유행어 1위에 오른 용어이다. 이 말의 유래는 '젠장'이 '된장'으로 전이되었다는 주장, 된장을 발라주고 싶을 만큼 꼴불견인 여성을 지칭한다는 주장, 좋은지 나쁜지도 모르면서 무조건 해외 명품을 선호하는 여성들을 똥과 된장을 구분하지 못한다고 비꼬기 위해 부르게 되었다는 주장, 아무리 명품으로 치장을 해도 정작 자신들은 순수 국산으로 된장 냄새에 익숙한 존재라는 의미로 사용되었다는 주장 등 다양하지만, 모두 확실하지는 않다.

유래가 무엇이든 된장녀는 "웬만한 한 끼 밥값에 해당하는 스타벅스 커피를 즐겨 마시고 해외 명품 소비를 선호하지만, 정작 자신은 경제적 활동을 하지 않기에 부모나 상대 남성의 경제적 능력에 소비 활동의 대부분을 의존하는 젊은 여성을 비하"하는 용어였다.

현재 통용되는 된장녀의 어의는 식민지 시기 신여성 담론과 상당 부분 흡사하다. 된장녀 남론은 IMF 사태 이후 변화한 우리 사회의 현실을 반영한 것이었다. 2000년대 이후 한국은 결혼한 부부가 남성의 경제력만으로는 살아가기 어려운 사회가 되고 있다. 이

제 여성들은 주부로서의 역할뿐만 아니라 일정 수준의 경제력 또한 요구받고 있다. 이 같은 현실에서 소비적인 여성들은 눈엣가시와 같은 존재로 보이기 시작한 것이다. 이것이 된장녀 출현의 정치학이다.

된장녀는 현모양처라는 것을 명시적으로 강제하기 어렵게 된 상황을 반영하지만, 그렇다고 이를 포기할 수도 없는 우리나라 가부장제의 면면이기도 하다. 신사임당으로 표상되는 현모양처론과 함께, '신여성'에서 '된장녀'에 이르는 이들 담론들은 시대적 상황에 따라 얼굴을 달리하며 지속적으로 여성의 성별 역할 분담을 강화하고 섹슈얼리티를 통제하는 기능을 수행해 오고 있다.

5
현모양처, 신여성, 초여인의 얼굴을 지닌 사임당

김수진

.

역사의 상상력, 변화하는 신사임당

신사임당이 변하고 있다. 고리타분한 전통적 여성이 아니라 시대를 뛰어넘는 신여성이라고 불릴 조짐이다. 2009년, 화폐 영정을 그린 이종상 화백이 신사임당을 "나혜석 같은 신여성이요 예술가"라고 표현했을 때만 해도 그저 지나가는 말로 그칠 듯했다.[1] 하지만 몇 년 뒤 사임당을 주제로 한 블록버스터급 한류 드라마가 기획되었을 때, 이 화백의 말은 한 개인의 해석을 넘어 더 많은 이들의 욕망을 대변한 것이 되었다.

드라마 〈사임당-빛의 일기〉의 한중 동시 방영을 알리는 기자 간담회에서 주인공 배우 이영애는 일본, 중국, 대만, 인도네시아 등에서 온 250여 명의 해외 취재진에게 사임당이 더 이상 '고리타분한 인물'이 아니라고 자신 있게 말했다. 일과 가정을 함께 꾸려나가는 '여자들의 삶'이 무엇인지를 보여주는 "전 세계 어떤 여자라도 공감할 수 있는 이야기"라고 소개하였다.[2] 500년을 뛰어넘어 오늘날에도, 우리나라만이 아니라 세계 전역에서도 공감을 이끌어낼 수 있는 여성의 이야기-역사, 허스토리herstory를 장담한 것이다.

천재 예술가 여성, 재능과 가정 생활을 겸한 '커리어 우먼'의 면모를 끄집어내는 오늘의 이 장면은 신사임당에 대한 지배적인 해석과 논쟁 구도를 생각할 때 의외의 사건이다. 신사임당은 오늘날 우리나라 사람이라면 누구나 알고 있는 우리나라 여성상의 대표이자 전통적 현모양처의 사표이다. 신사임당에게 부여된 이러한 상像은 다른 많은 역사 인물과 마찬가지로 계몽기와 식민지 시대에 민족 서사의 구축 속에서 새롭게 발견되고 의미를 부여받은 뒤, 1960~1970년대를 거치면서 국가 차원에서 대대적으로 정립되었다.

하지만 이 전통적 현모양처의 사표는 1980년대 이후 여성을 억압하는 지배 이데올로기의 상징으로 간주되기도 했다. 고학력의 전문직을 꿈꾸는 젊은 여성들에게, 현모양처의 화신으로서의 신사임당은 화석화된 전통의 상징이자 구시대적인 여성의 스테레오타입으로 여겨졌다. 이 대조적인 시각이 공개적인 논쟁으로 드러난 것은 2007년 신사임당이 새로운 화폐 인물로 지정되면서이다. 그리하여 2000년대에 들어와 신사임당은 역사 인물 중 가장 논쟁

신사임당에 대한 일화가 실린 『견첩록』

적인 대상이 되었다.

　이렇듯 본받아야 할 전통의 사표이냐 아니면 여성 억압적인 전통의 화신이냐 하는 논쟁을 거치며 사임당은 사실상 21세기를 살아가는 여성들에게 시효 만료된 모델로 가라앉는 듯이 보였다. 이런 마당에 드라마 〈사임당-빛의 일기〉의 제작 소식은 의구심과 회의를 불러일으킬 만하다.

　어떤 작품이 나올 것인가, 이 드라마는 사임당에게 새로운 해석의 생명을 불어넣을 것인가? 무리한 상상력으로 역사의 실존을 망가뜨리지는 않을까? 지금으로서는 드라마의 성패를 가늠하기만무하지만 한 가지는 확실하다. 이 드라마가 방영된 이후 사임당의 이미지에 어떤 변화가 일어날 것이라는 점이다. 강릉 오죽헌에 걸려 있는 표준 영정의 엄숙함과 5만 원 권 초상화의 무미건조함에 갇혀 있던 사임당 대신 "천재 화가의 예술혼과 불멸의 사랑"을 살았던 아름다운 여성, 신인선申仁善의 이미지가 아름다운 배우의 육체를 통과하며 떠오를 가능성이 크다.

왜 지금 신사임당이 다시 등장하는가? 왜 우리는 사임당을 역사 속에 놓아두지 않고 지금 여기로 불러내는가? 우리는 사임당에게 무엇을 원하는 것일까?

박정희 체제에서 우리나라의 대표 여성으로 자리잡다[3]

신사임당이 가문과 신분 집단을 넘어 지식층과 대중에게 알려지기 시작한 것은 근대적 출판을 매개로 공적인 담론장이 형성된 한말 이후다. 1900년대 계몽기에서 시작하여 식민지 문화운동기인 1920~30년대, 그리고 총동원 체제기인 1943~1945년의 세 국면에서 신사임당에 대한 역사 기록이 발굴되었고, 강조점을 달리하면서 소개되었다.[4] 계몽기에는 문명한 교육자 어머니(현모), 1920~30년대에는 역사 속 빛나는 '규녀식자閨女識子'로, 총동원 체제기에는 인내하는 현모양처의 모습으로 조명되었다. 식민지 시기 동안 만들어진 이 세 가지 종류의 이미지는 한 가지로 통일되기보다는 동요하면서 등장했다. 그리고 해방 이후 1950년대에도 전통론이 대두되며 신사임당이 현모양처로 재현되었다.

신사임당이 새롭게 등장한 것은 1970년대 국가가 주도하는 민족주의적 영웅화 작업에서이다. 대통령 교지, 교과서, 교육원 같은 공식적 제도화를 통과하면서 신사임당은 역사 속의 뛰어난 여성을 넘어서 우리나라의 민족적 주체성을 구현한 대표 여성으로 자리매김되었고, 국가 영웅이 되었다.

이 국가 주도의 사임당 담론을 만든 밑거름이 있었다는 점을 알아둘 필요가 있다. 노산 이은상은 1962년 사임당의 여러 기록과 관련 자료를 포괄적이고 체계적으로 수집하여 『사임당의 생애와 예술』이라는 책을 출간하였다.

이 책에는 사임당의 시, 글씨, 그림(풀벌레, 포도, 화조, 화초어죽, 난초, 산수) 등 흩어져 전해오던 작품들이 수록되었고, 율곡이 남긴 기록이나 기타 기록을 토대로 만들어진 사임당의 약전과 연보 그리고 사임당의 가족에 대한 기록이 실렸다. 삶과 그림 및 가족에 대한 기록은 이율곡이 어머니와 외가에 대해 쓴 행장과 묘지명을 바탕으로 작성되었고, 신사임당에 대한 일화는 『견첩록見睫錄』, 『동계만록桐溪漫錄』 같은 문집류나 야사집에 실린 글에 준거하고 있다. 그 외 후대에 사임당의 것으로 전해진 서, 화 및 자수 작품에 붙여진 유학자들의 발문이 있다.

이 책은 1962년 초판이 출간된 이후 뒤늦게 알려진 사임당의 작품 및 관련 기록과, 박정희 정권에 의해 조성된 유적 및 관련 사업을 추가하여 1966년부터 보유 및 수정판을 거쳐 1994년 7판에 이르러 완성되었다. 오늘날에도 사임당에 관련된 모든 담론이 준

율곡을 모시는 사당, 문성사
1962년 10월 오죽헌의 수보를 시작으로 율곡을 모시는 사당인 문성사를 새로 짓는 등 대대적 정비와
정화 사업이 시행되었다.

자운서원
1615년 율곡 이이의 학문과 덕을 기리기 위하여 창건되었다. 1650년 자운紫雲이라는 사액賜額을 받
았다.

거하는 원 자료의 역할을 하고 있는 이 책은, 국가가 역사 인물 기념 사업을 빠른 시일 안에 확립하여 전파시킬 수 있는 선행 연구로서의 역할을 하였다. 그런데 이 출중한 선행 연구는 이후 사임당에 대한 지배적 해석과는 다른 시각을 만들어내는 데에도 참고 자료로서의 역할을 하였다.

그렇다면 1970년대 국가는 왜 그리고 어떻게 신사임당을 우리나라의 대표적인 여성상으로 만들었는가? 박정희 정권이 추진한 근대화는 단지 산업화 정책에 그치는 것이 아니다. 사람들의 의식과 태도를 산업화에 적합한 주체로 만들어내는 사회적 근대화 정책을 시행하고자 하였다. 당시 제시된 '조국 근대화'라는 표어는 이 근대화의 정체성을 민족과 국가에 뿌리를 두겠다는 의지를 나타낸다.

그렇다면 이 민족과 국가 정체성의 뿌리를 어디에서 찾을 것인가? 당시 박정희 대통령은 식민지 경험은 오욕의 역사요, 한국전쟁을 전후한 시기는 '자기 상실'의 시대라고 규정하였다. 민족주체성을 새롭게 확립하여 자기 갱생의 길을 가야 한다고 주장하였다. 앞선 시대를 부정함으로써 현재의 정당성을 구축하고자 했기에 새롭게 구축하는 주체성의 본질은 가까운 과거가 아니라 먼 과거에서 길어 올려졌다.

특히 먼 과거에 있었던 국난 극복의 역사에 주목했다. 식민지와 독립운동이 아니라 임진왜란이나 몽고 침입을 선택하였다. 그리하여 국난 극복의 역사와 관련된 사적과 유적을 '성역화'하고자

신사임당 동상들
왼쪽 위부터 차례대로 사직공원, 경포대, 사임당교육원에 세워진 동상이다. 경포대의 동상에는 박정희
대통령의 글씨로 '신사임당상'이라고 쓰여 있다.

사적지에 대한 문화재 관리 사업이 정권 초기부터 대통령의 특별한 관심 속에서 전개되었다.[5]

율곡기념사업이 시작되었고, 이와 더불어 사임당에 대한 국가의 관심이 본격화되었다. 1962년 10월, 당시 국가재건최고회의 의장이었던 박정희의 지휘로 강원도 지사 이용이 오죽헌을 수보하였고, 율곡 선생에 대한 추모의 제전이 강원도 주최 연중행사 중 하나로 제정되었다. 이후 강릉 지역의 도지사, 교육감, 교육장, 강릉 시장, 유도 회장이 중심이 되어 율곡기념사업을 추진하여 1964년 율곡선생기념협회가 창립되었고, 1965년 10월에는 오죽헌 경내에 율곡기념관이 건립되었다. 신사임당의 유품이 율곡기념관에 율곡의 것과 함께 모아 전시되었고, 이당 김은호가 제작한 영정이 각각 오죽헌과 몽룡실 안에 봉안되었다. 이후 파주 자운산에 있는 율곡과 사임당의 묘소 및 자운서원 정화 사업이 시행되었고, 오죽헌 정화 사업으로 율곡을 모시는 사당인 문성사를 새로 짓는 등 율곡 유적에 대한 '정화사업'이 1976년까지 이어졌다.[6]

1970년대 중반부터는 사임당을 우리나라 여성의 전범으로 기념하고 교육을 통해 계승할 위인으로서 만들어지는 작업을 구체화하였다.[7] 사임당 동상 제작이 추진되었고, 사임당교육원이 설치되었다. 사임당교육원은 여고생, 여교사, 여성 지도자를 대상으로 당시 박정희 체제가 여성에게 부여하는 이념과 자질을 교육하는 기능을 표방하였다.

사임당교육원은 1976년 11월 대통령령으로 1만 6,000여 평의 부지에 1,100여 평의 건물을 갖추고 강원도 주문진에 개원하여 1978년부터 교육생을 배출하였다. 2015년 현재까지 39년 간 총 수료 인원 11만 4,639명을 배출하였다. 1980년대까지 사임당교육 원은 전국 여자고등학교의 반장을 주 교육 대상으로 교육 과정을 운영하다가, 1990년대에는 강원도 내의 여고생을 주 교육 대상으로 변경하였고, 최근에는 교원, 공무원, 학부모, 다문화가족 등으로 교육 대상을 확장하였다. 교육 내용도 양성 평등, 인권, 진로, 상담 교육 등으로 다변화하였다.

'충'과 현모양처, 전통과 근대의 접합

사임당교육원의 교육 목표와 내용은 1970년대 시작된 국가의 발전주의적 젠더 전략을 함축하고 있다. 설치 조례, 원훈院訓 및 원화院花를 통해 국가가 사임당에게 어떠한 이념을 부여하였는지 살펴보자.

사임당의 얼과 덕성을 이어받아 한국의 여성상을 정립하고 애국애족에 투철한 민족중흥의 역군을 기른다.[8]

이 설치 목적의 서술에서 흥미로운 것은 '전통을 계승한 한국의 여성상'과 '애국애족의 역군'이 자연스럽게 연결되어 있다는 점이다. '충忠·효孝·예禮·지智·신信'이라는 원훈은 이를 더 극명하

1976년 11월 강원도 주문진에 개원한 사임당교육원

게 보여준다. 인仁·의義·예·지·신이라는 성리학의 오덕五德 중에
서 인과 의를 충과 효로 바꿈으로써 국가주의적 이데올로기를 강
화하고 있다.

'충'은 1980년대까지 사임당 교육에서 핵심적인 요소였다.[9]
1980년대 실시된 교육 내용은 국가 안보와 충효 관련 강의, 사임
당과 현모양처의 이념 강의 그리고 전통 교양 프로그램, 사임당 유
적 답사로 이뤄졌다.

수련생들은 3박 4일 동안 한복을 입고 생활하면서 부모님께 편
지 쓰기, 반공 강의, 서도, 탁본, 궁도, 강강수월래, 국가 추념 의식
프로그램에 참여하였다. 특히 수련 마지막 날 밤에 배치된 국가 추
념 의식은 어둠과 빛, 소리와 침묵을 조합하여 만든 작은 스펙터클

로서, 국가주의적 정서를 함양시키려는 목적을 노골적으로 보여주었다. 이 의례는 기록으로 남아 있지는 않지만, 1980년대 사임당교육원을 경험한 이들에게는 지금도 선명하게 기억 속에 남아 있다.

칠흑같이 어두운 밤 수련생들은 네 그룹으로 나뉘어 횃불과 촛불을 들고 침묵 속에 일렬로 흩어졌다가 십자로에서 합친 뒤 강당으로 들어가 앞면을 바라본 채 열을 맞춰 선다. 각자 든 촛불을 끄고 있으면 정면 중앙 부분에서 새어나오는 희미한 불빛과 함께 교향악 반주에 맞춘 애국가가 흘러나오기 시작한다. '대한 사람 대한으로'라는 클라이맥스 부분이 엄청난 팀파니 소리와 함께 울려 퍼질 때, 중앙 정면에서 새어나오던 희미한 불빛이 밝고 선명한 태극기로 변해 있다. 의식에 참여한 교육생들은 하나둘 흐느끼는가 싶더니, 어느새 강당은 울음바다로 변했다. 정서적 고양을 통해 충과 효를 효과적으로 강화하는 의식은 이렇게 진행되었다.

사임당 교육에서 다음으로 중요한 내용은 현모양처의 이념이었다. 주목할 것은 사임당교육원이 제시하는 현모양처의 이념은 근대화된 여성의 자질과 능력을 강조하고 있다는 점이다.

현대 여성은 유아 교육에서 어머니의 역할, 화목한 가정의 배려, 가사의 과학화, 합리화, 국가 산업 발전에 능동적으로 참여하는 가운데 여성 자신이 스스로의 지위에 대한 깊은 자각이 여권 신장이며, 여성의 열성劣性을 만회하고 남녀 평등의 바른 길임을 알아야겠다.[10]

이 이념에서 근대화된 여성은 남편에 대한 헌신적 내조와 겸손하게 시부모를 모시는 며느리 그리고 강인한 어머니의 역할에 의해 비로소 완성된다. 특히 어머니는 "자녀에게 미래 사회를 뚫고 나갈 수 있는 굳건한 신념과 의지와 자주적 정신과 수고를 아끼지 않는 근면한 정신을 소중한 자산으로 남겨주어야" 한다고 정의한다. 이제 어머니라는 주체의 상은 발전주의적 가치를 내면화한 인간을 기르는 훈육자, 강인한 의지와 인내를 가진 자로 제시되고 있다.[11]

이렇게 근대화된 현모양처를 국가 발전의 주체로서 적극적으로 호명하는 것은 박정희 체제의 일관된 여성 이념이었다. 다음은 당시 박정희 대통령이 부녀회관 건립기공식에서 행한 연설문이다.

우리의 사회 도덕은 여필종부의 윤리를 여성에게 강요하여 왔었고, 또 일본 제국주의 지배하의 우리 여성은 남존여비의 봉건적인 유제에 그대로 얽매어 살아왔습니다. …… 따라서 우리 여성들도 이 개명된 시대의 정신에 따라 불평등한 사회를 개조하고 인습적인 사고방식을 불식하는 데 노력함으로써 새로운 질서와 윤리의 건설에 전진 있기를 바라면서 한 가지 당부하고자 하는 것은 여성이 남성과 평등하다는 것이 여성의 할 일을 포기함을 의미하는 것은 결코 아니라는 것을 잊어서는 안 된다는 것입니다. …… 끝으로 본인은 …… 민주주의 사회의 건전한 발전은 건전한 가정으로부터 비롯하며, 건전한 가정은 훌륭한 어머니로부터 이루어진다는 것을 우리 전 국민이 명심하여야 할 것이며, 우리 부녀활동의

기조도 또한 여기에 있어야 한다 함을 다시 한 번 강조하여 두는 바입니다.[12]

여기서 여성은 가정에 소속되어 가정을 일구는 자로, 여필종부의 봉건적 유제를 벗어나 근대화를 이끌고 나가는 주체로 정의되고 있다. 이렇게 가정을 '건전'하게 만드는 여성이 새롭게 근대화된 주체로서 자리매김되었지만, 다른 한편에서 '가정주부'는 현모양처라는 전통을 계승하는 행위인 것으로 다시 정의된다.

친애하는 전국의 가정주부 여러분!
1966년의 새해에 접어드는 문턱에서, 나는 진심으로 경애와 당부의 뜻을 곁들여 여러분에게 '현모양처'라는 글귀를 보냅니다. 우리의 조상되는 여성들은 정결함을 나타내는 흰옷의 맵시와 드높은 교양 그리고 참을성과 침묵의 슬기를 창조했습니다. 이 같은 아름다움은 우리가 원하든 원하지 않든, 하나의 줄기찬 전통으로서 우리네 생활 안쪽 깊은 곳에 흐르고 있는 것으로 믿습니다.
…… 조국은 지금 '근대화'를 향해 숨 가쁘게 줄달음치고 있습니다. 비록 고달픈 살림살이 가운데서라도 좀 더 지식의 눈을 넓게 내일을 바라보는 현모·양처가 됨으로써, 병오년 새해의 미더운 주춧돌이 되어 주기를 바라마지 않습니다.[13]

박정희 정권 시기에 여성은 '가족에 소속된 부녀자'로 정의되었다. 그리하여 여성은 도덕적 통제나 지도 계몽의 대상일 뿐, 시민-생산자로 인식되지 않았다. 국가는 건전 가정을 육성하기 위해 부덕 함양과 자질 향상을 이루어야 할 집단으로 간주된 '일반 여성'을 대상으로, 성 개방 풍조를 경계하는 가족 윤리를 강조하였고 부덕 함양이라는 기조 하에 의식주 생활 개선, 위생 교육, 소비자 보호, 가족 계획과 보건 등의 정책을 실시하였다.[14] 이렇게 볼 때 신사임당은 박정희 정권 시기 근대적 전업주부로서의 여성들에게 근대가정학을 계몽하고 지도하기 위한 정책 방향을 뒷받침하는 상징이며, 정책적 범주로서 이른바 '일반 여성'을 직접 겨냥한 것이라고 할 수 있다.

사임당의 현대적 현신, 육영수

전통의 근대화, 근대화된 현모양처, 국가에 충성하는 여성의 이미지는 고결함의 미학과 결합한다. 사임당교육원의 원화는 목련꽃이다. 교육원 원표는 '환하고 고결한 자태'를 의미하는 목련꽃을 중심으로 여성이 추구해야 할 덕목과 사임당을 형상화하였다.

이 목련꽃은 '여성 본래의 순결, 온화한 성품'을, 둥근 원은 '원만·자애·사랑·평화·번영'으로 여성의 힘을, 녹색잎은 '협동·단결·희생·봉사의 발전적 정신'을 의미한다. 또한 중앙의 붉은 태양은 남성적인 양陽과 핵核으로 사임당의 품에 안겨 있는 율곡을 뜻하고, 주황색 달은 여성적인 음陰이며, 만물생성의 바탕이 되는 땅이

사임당교육원 원표

자 사임당을 상징한다. 또한 흰색 바탕은 소박하고 깨끗하며 청순한 백의민족을 나타낸다. 음양을 해와 달 그리고 남녀로 치환하는 통상적인 음양론 해석에 순결, 온화, 자애, 희생 같은 부덕婦德을 부가한 해설이다.

목련은 많은 여자중고등학교의 교화였으며, 육영수의 상징이기도 했다. 국가 원수의 현명한 '양처'이자, '고향의 봄 같은 포근한' 국모國母로 추앙되었던 육영수의 상징이 백목련과 하얀 한복이었던 것이다.

다음의 추도사를 보자.

우리들의 빛나는 퍼스트레이디─어린이의 친구, 노인과 병약자의 다정한 이웃, 자상하고 인자하셨던 어머니요, 우아한 한복에 어울리는 영롱한 지성과 청와대의 야당. 어찌하여 하늘은 이분을 빼앗아갔는가. …… '국난'을 한 손에 움켜쥐고 밤낮없이 긴장하며 노심초사하시는 박대통령에게서 '운명'처럼 아낌을 받으시던 그 양처를 ……[15]

본인은 이 추도문집을 〈백의의 아픔〉으로 제題하였습니다. 하얀 빛과 하얀 목련을 좋아하시고, 하얀 학처럼 우리 고유의 한복을 즐겨 입으신 단아하신 여사님께서 그처럼 어이없이 가신 아픔이 우리 백의민족의 가슴에 늘 살아 계시기 때문입니다.[16]

나아가 육영수는 사임당의 현대적 현신으로 비유되기도 했다.

뮤지컬 '추억의 흰목련' 공연 포스터

육여사는 한국적 부덕의 사표라 할 만했다. (⋯⋯) 대통령을 훌륭히 내조했으되 부덕의 발양에서였지 정사政事에의 용훼에서가 아니었다. (⋯⋯) 신사임당에게서 이조 시대의 현숙근엄했던 여성상을 발견하고 육여사에게서는 전통의 아름다움을 승화시킨 현대적 모상을 발견했다면 고인에의 지나친 추모라 할 것인가?

육영수가 살아 있을 때 영부인으로서 한 활동은 부녀 정책의 이데올로기를 선도하는 것이었다. 자선 활동과 가두 모금, 육영재단을 설립하여 1970년 7월 어린이회관을 설립하고, 정수 직업훈련원을 세워 '불우청소년'을 위한 기능양성소를 건립하였으며, 부녀회관 사업에도 관여하였다.

이 모든 활동은 자애와 사랑, 희생과 봉사의 정신을 체현한 어머니이자 국가의 어머니상을 만들어냈다. 또한 드러나지 않는 조용함으로 청와대의 야당이었다는 소문은 양처로서의 덕목으로 해석되었다. 그가 즐겨 입은 '하얀 한복'은 '백의민족', 고결한 전통을 상징하였다. 사임당교육원의 상징물을 육영수의 이미지로 해석해도 큰 무리가 없다. 이렇게 보면 적어도 1970년대 육영수와 사임당은 '한국적 부덕의 사표'로서 상호 공명하고 있었다고 보인다.

여성 운동이 만든 사임당상, 슈퍼우먼[17]

사임당은 국가만의 산물이 아니었다. 1969년 대한주부클럽연합회가 사임당상(像)을 제정하고 매년 신사임당의 날 기념 행사를 이어올 만큼, 신사임당은 1970년대 여성 운동의 한 흐름에서도 중요한 아이콘이었다. 국가가 만든 사임당은 애국애족에 투철한 현모양처, 전통으로 윤색된 현모양처였다면, 여성 운동이 만든 사임당은 근대화 프로젝트에 적극적으로 적응하려는 '초여인', 즉 슈퍼우먼의 모습이다.

사임당상을 제정한 대한주부클럽연합회는 김활란 박사를 중심으로 송금선, 유승옥, 여귀옥, 나사균 등의 모임인 화요클럽을 전신으로 하여, 1966년 중산층 주부를 대상으로 한 계몽 활동을 목적으로 결성된 단체이다.

1960~70년대 주요 사업은 교양과 사회봉사 중심이었다. 소비 생활, 자녀 교육, 가계부 적기, 여가 선용 등 '합리적 생활방식'을 연구 실천하여 '과학화된 가정'을 건설하고, '사회와 국가의 주춧돌이 되는 아내와 모성'으로서 봉사 활동에 참여함으로써 건전하고 성실한 사회 기풍 만들기를 목표로 하였다.

신사임당의 날 기념 행사는 주부클럽이 매년 실시하는 가장 오래된 행사로, 1969년 7월 1일 경복궁에서 첫 행사를 개최한 이래 매년 5월 현재까지 계속 열리고 있다.[18] 주부클럽이 사임당상을 제정하고 기념 행사를 주관하게 된 배경에는 초대 회장인 김활란 박사의 발의가 있었다. 회사(會史)에 따르면, 김활란 박사는 외국 문헌에서 세계의 여인으로 우리나라의 신사임당이 기록된 것을 보고 충격을 받고, 우리나라 여성들이 우리의 여인을 알지 못하고 서구

김활란은 우리나라 최초의 여성대학 졸업생으로, 1931년 10월에 우리나라 여성으로는 최초로 철학박사 학위도 받았다. 앞줄 좌측부터 모윤숙, 조병옥, 장면, 김활란이 앉아 있다.

문화에 급급하기에 새로운 계몽의 필요성을 느껴 1967년 3월 8일 좌담회에서 신사임당의 생애와 예술, 부덕에 대해 언급하였다고 한다. 이후 신사임당에 대한 연구와 기념 사업이 추진되었다.[19]

김활란은 1960년대 말 여러 발언에서 근대화된 주부, 가정을 지키는 여성, 그리고 봉사자로서의 여성이 바람직한 여성상이라고 주장하였다.

…… 범상한 한 여성이 직장과 가정을 두고 양자택일을 해야 한다면 나는 그녀에게 가정을 택하라고 권하겠다. 여성의 보다 큰 직분은 자녀 양육이며 가정을 평안히 지키는 일이다. 전쟁을 치른 일시적 소강 상태에

있는 지금은 한 사람의 선각자보다 아홉 사람의 건전한 시민, 건전한 여성이 요구되는 때이다. …… 여성의 도움을 기다리는 기관은 곳곳에 있다. 여성단체, 문화기관, 사회복지기관, 종교기관 등 돈이 없어 월급을 줄 순 없지만, 이런 곳은 얼마든지 일손을 필요로 한다. 가정을 다스리고 남는 시간에 이런 곳에서 무료 봉사 활동을 하는 것은 가장 바람직한 사회 참여가 아닌가 한다.[20]

또한 김활란은 보다 나은 생활을 위해 주부들이 가사를 합리화·과학화하고, '자녀를 올바른 시민으로 양육'하여 '가정이 정신과 안식처가 되도록' 만들어야 한다고 역설했다.

김활란의 이러한 주부상과 여성상은 당시 발전 국가가 만든 현모양처의 상과 똑같은 것일까? 김활란이 여성에게 가정의 책임자로서의 정체성을 부여하는 것은 여성을 근대화 프로젝트의 주체로 만들려는 데 있다. 그는 여성들에게 가정 평화의 유지자일 뿐 아니라 봉사 활동으로 사회에 참여하여 사회 문화를 창조하는 기수가 되라고 주장하였다. 이런 점에서 김활란이 제시한 여성상은 '초여인' 또는 '슈퍼우먼'이었다.

개인적으로도 깊이가 있고 종합적인 지식이 풍부하고 과학적이면서 자유를 향유할 줄 아는 지성과 남편을 협조하고 자녀를 올바르게 키우는 후덕함을 지니면서 우아하고 협동심이 풍부하여 어떤 일에 부딪쳐도 냉

정하게 지혜롭게 처리하는 '수퍼우먼'! 21세기가 필요로 하는 '슈퍼우먼'을 아들·딸로 낳아 길러내고 '수퍼맨'을 남편으로 (보필하여) 거의 완벽을 기하는 인류 사회를 빚어낼 총명·예지·근면·협동심·기교를 겸비한 여성을 기다리는 일반의 이미지는 앞으로 반세기를 보내는 동안 향상, 승화되어 '수퍼우먼'으로 나타날 것입니다. 이 초여인은 50년 후면 한국은 물론 워싱턴·뉴욕·런던·파리·나이로비 등 세계 어디에서도 볼 수 있는 표준 여성일 것입니다.[21]

이 '초여인' 또는 '슈퍼우먼'은 김활란이 신사임당을 해석하는 핵심어다. 자신의 시대가 요구하는 모든 부덕婦德을 행하고 그것을 실현하기 위해 갖춰야 할 지식과 총명함과 기교를 겸비한 여성이 이상적 여성이라면, 신사임당은 조선 시대에 양반 여성이 해야 하는 모든 것을 다했고, 할 수 있는 최대치에 이르렀다는 점에서 조선 시대의 '초여인'이라고 할 수 있다.

김활란은 1931년 여성들이 우선 자신을 발견, 자아 실현의 욕구, 자존심과 자신감을 가지고 자신의 능력을 정당한 위치까지 스스로 끌어올리는 일에 진력해야 함과 동시에 자신의 가정을 문화적인 가정으로 만드는 과제를 담당하지 않으면 안 된다고 주장하였다.[22] 이런 관점에서 그는 가정에 있는 여성도 직업 부인으로 보자고 하였고, "우리가 미래를 건설함에 있어서, 자녀를 기르는 일이 결코 한낱 집 지키기, 아이 보기만은 아닌 것이다. 좀더 중요한 책임이 있는 것이다"라고 하였다.[23]

일과 가정을 완벽하게 병행한 신사임당-초여인의 역설

신사임당의 날 기념 행사는 두 가지로 이뤄져 있다. 하나는 신사임당상像의 선정 추대식과 주부예능대회이다. 주부예능대회는 처음 명칭인 '기능대회'가 1987년부터 변경된 것으로, 시, 수필, 서도(한글, 한문 서예), 묵화, 자수 부문으로 나눠 실시되다가 이후 다도와 생활예절, 동시·동화 부문이 추가되어 현재 8개 부문이 실시되고 있다.

이 예능대회는 주부로서 '건전한' 교양을 진작시키고자 하는 애초의 목적뿐 아니라 사실상 이 분야에서 여성들이 전문 작가로 등단하는 계기를 제공하는 기능을 하였다. 예능대회 수상자 중 한글 한문 서예와 문인화 부문의 수상자들이 묵향회를 조직하고 초대 작가로 활동하는 사람이 2005년 현재 59명에 이르고, 시·수필 부문 수상자들도 시문회를 조직하여 문단에 등단한 수도 100여 명에 이른다.

신사임당상은 "'딸'로 '지어미'로 '어머니'로 명석하게 삶을 살면서 그 본분을 다할 뿐만 아니라, 자기 자신을 발견해 그 예술적 천분마저 소중히 알고 힘써온 분의 삶을 표창"[24] 하여 사회에 알리는 데 목적을 두었다.

그렇다면 실제로 신사임당상은 어떤 이들에게 수여되었을까. 2015년까지 47명이 선정되었는데, 교수나 교사로 일하면서 문학, 그림, 서예, 요리 같은 분야에서 이름을 알린 여성들이다. 대개 직

매년 신사임당의 날에 시, 수필, 서도(한글, 한문 서예), 묵화, 자수, 다도와 생활예절, 동시·동화 등 8개 부분의 주부예능대회가 치러진다.

업적으로 성공한 아이들을 두었고, 직업적으로나 사회적으로 인정받는 사람들이다.

　수상자들은 일과 가정을 성공적으로 양립하였다는 이유로 사임당으로 선정되었지만, 아이러니하게도 수상자들이 쓴 당선 수기는 그 양립이 너무도 힘든 것이며, 사실상 불가능에 가까운 일이라는 사실을 웅변해준다. 대부분의 사람들이 식민지 시대에 대학을 나왔을 만큼 부유한 집안 출신이라는 유리함은 단지 출발점에 불과하다. 많은 이들은, 결혼 후 직장 생활, 사회 활동이 친정 또는 시부모의 절대적 도움과 보조 위에서 가능했다고 이야기한다.[25] 또한 사실상 자신이 가정과 아이를 희생시켰다고 평하는 경우도 있다. 이런 경우 여성으로서 예술과 가정을 완벽하게 병행한다는

것이 하나의 이상일 뿐이라고 말한다.[26]

한무숙의 일생은 사임당상이 상징하는 여성상의 가장 극단적인 역설을 보여준다. 한무숙에게 글쓰기는 가세가 기운 종가집의 맏며느리로 살아가는 고통을 이겨내기 위한 생존의 몸부림이었다.

어린 시절 병약한 가운데 미술에 재능을 보였던 그는, 영국 여자 선교사를 따라 유학갈 수 있는 기회를 저버린 뒤 아버지 친구의 아들과 '얼굴도 모른 채 짝 지워'지게 되었다. 결혼식을 올리자마자 그녀는 남편과 떨어져 시집에서 깊은 병을 앓는 시어머니를 간병하고 죽을 고비를 넘기면서 임신과 출산을 하였고, 유교식 어른 모시기와 달마다 드는 제사 봉사, 가문의 친척 뒷바라지를 하면서 '고달픈 노역부'로 살았다고 쓰고 있다. 그의 글쓰기는 그 모든 노역이 끝난 밤에 벽에 원고지를 대고 누워서 한 것이었다. 그는 자신의 삶을 '보이지 않는 덫'에 걸려든 과정으로, 자신이 동의할 수 없는 가치관과 삶의 방식에 철저히 순종하며 빈사 상태로 살아온 일생으로 그리고 있다.[27]

그의 고통은 자신이 어찌할 수 없었던 질병과 가난에서 비롯된 것이기도 했지만, 더 큰 고통의 원천은 그가 '운명의 덫'이라고 표현한 현모양처의 삶이다. 자신이 선택하지는 않았으나 그렇다고 그것을 버리려고도 하지 않았기에 치러야 할 대가가 너무나 컸고, 문학을 생명의 불씨로 삼을 수 있었기에 겨우 인척할 수 있었던 한 여성의 인생이라는 고백이다.

절반의 성공, 최초의 여성 화폐 인물

2007년 신사임당은 여성 최초로 화폐 인물에 선정되었다. 이와 동시에 신사임당은 최초로 격렬한 논쟁의 한가운데에 들어섰다. 2007년 6월 2일 한국은행은 2009년 고액권 5만 원 권과 10만 원 권 화폐를 발행하겠다고 발표하였다.

2004년 한국은행이 실시한 인물 선호도 조사에 따르면, 과학 기술인은 장영실, 정치인은 세종대왕, 애국지사는 김구, 여성은 신사임당, 학자로는 정약용이 가장 많은 선택을 받았다고 밝혔다. 2007년 10월 15일 (사)문화미래 이프 주최로 열린 〈새 화폐와 여성인물 토론회〉에 참석한 여성 학자, 여성 문화운동가, 여성 사학자들은 현모양처의 상징적 인물인 신사임당이 유력 후보로 되는 것에 대해 각각의 논거를 들며 반대 의견을 제시하였다.

그 논거는 신사임당이 '가부장적 우리 사회가 선택한 현모양처의 전형적인 여성상'이고, 일제 식민지 교육 방식에서 강조된 현모양처형 여성상을 반복하는 것이며, 나아가 당대 신사임당의 실체는 '우리가 알고 있듯이 현모양처가 아니다'라는 점이었다.[28]

그러나 한국은행은 며칠 뒤 10월 21일 최종 후보로 김구, 안창호, 신사임당, 장영실 4명을 발표하였다. 여성계는 즉각 반발했다. 이틀 뒤인 10월 23일 여성단체 (사)문화미래 이프는 성명서를 내고 "많은 여성 인물 후보가 있고 유관순이 여론에서도 높은 지지를 받고 있지만, 가장 논쟁적인 신사임당을 최후 여성 후보로 선정한 것은 여론과 여성계의 다양한 소리를 철저히 무시한 밀실 행정의 전형"이라고 비판하였다. 한국여성단체연합과 한국여성노동자회, 한국여성의전화연합, 한국성폭력상담소, 성매매문제해결을위한전국연대 4개 여성단체도 공동 논평에서 한국은행이 5~7월에 실시한 여성 인물 지지도에서 유관순이 가장 높았다고 지적하면서 화폐 인물 선정 과정 공개를 요구하였다.

한국은행, 강릉시에서는 사임당을 "최초의 여중군자, 최초의 여류 선비, 21세기 여성, 효성스러운 여성, 어진 아내, 훌륭한 어머니, 최고의 예술인, 참된 살림꾼"으로 추앙하면서 "여성으로서의 역할과 의무에 충실했다면 그것으로도 훌륭한 평가를 받을 수 있어야 온당"하다고 주장하였다.[29] 나아가 혼탁하고 살기 힘든 우리 시대에 정말 필요한 것은 반드시 '자아 실현'을 하는 여성상이 아니라 온 국민의 어머니로 추앙받을 수 있는 따뜻한 어머니상이기에 신사임당이 5만 원 권에 들어간 일은 나쁘지 않은 일이라는 솔직한 주장도 표출되었다.[30]

반면 여성 운동계는 비판을 이어갔다. (사)문화미래 이프는 2차 반대성명서에서 신사임당이 "일제의 양처현모 이념에 의해 왜곡되어 근대의 가부장제에 의해 '겨레의 어머니'로 둔갑"한 인물[31]이라고 비판하였다. 많은 여성 인물들을 제치고 신사임당을 화폐에 올리는 것이 문제라는 비판도 제기되었다. "예술가 나혜석, 허난설헌, 자신의 재산을 털어 제주도민을 구한 제주 기생 김만덕, 선덕대왕, 소서노 등" 자아를 실현한 다른 여성 인물을 놔두고 율곡의 어머니로 부각된 신사임당을 화폐 도안에 올리는 것은 유교적 출세지향주의를 부추길 수 있다는 내용이었다.[32]

표준 영정과 지폐 초상화 제정을 둘러싼 논란

신사임당을 둘러싼 논란은 전혀 다른 주제이지만 식민 시대의 유산이라는 맥락을 공유하며 초상 도안 과정에서도 이어졌다. 초상화의 화풍과 초상화의 이미지가 논란의 주제였다.

신사임당의 초상화가 그려진 것은 1965년 신사임당의 외가인 강릉 최씨의 후예에 의해서이다.[33] 최옥자(전 세종대학교 이사장) 박사가 김은호 화백에게 제작을 의뢰하였고, 1965년 11월 10일 김미희 여사와 공동으로 오죽헌 몽룡실에 봉안하였다. 이후 1986년 정부에서 표준 영정으로 지정하였다. 이 영정이 우리가 알고 있는 신사임당의 모습이다.

2007년 화폐 인물로 선정되기 전인 2006년부터 표준 영정 제작자인 김은호 화백의 친일 경력과 왜색 화풍이 논란이 되기 시작하였다. 김은호 화백은 신사임당은 물론이고 순종의 어진, 율곡 이이, 이순신, 춘향, 논개의 표준 영정을 그렸고, 박정희 정권 시기에 재기용되었다. 뿐만 아니라 세종대왕 만 원 지폐 초상을 그린 김기창 화백이나 유관순의 영정을 그린 장우성 화백은 김은호 화백의 제자로서 마찬가지로 친일화가라는 비판이 드높았다. 이들은 조선미술가협회 일본화부에서 활동하면서 군국주의 찬양과 황국신민의 영광을 고취하는 작품을 전시했다는 것이다. 그리하여 유관순의 영정은 2005년 윤여환 교수의 것으로 새로이 채택되었다.

한국은행은 이러한 논란을 배경으로 신사임당의 새로운 표준 영정 제작을 추진하였다. 이 제작 추진에 대해 외가인 강릉 최씨 가문에서 이의를 제기하였고, 신사임당 본가인 평산 신씨와 남편 가문인 덕수 이씨 측도 한국은행 측에 서로 다른 찬반 의견을 제기했지만, 위조방지와 복식자문을 제대로 한 수정이 필요하다는 한국은행의 설득에 결국 이의를 달지 않기로 합의하기에 이르렀다.[34]

하지만 2009년 화폐용 영정 원화와 화폐 도안이 나왔을 때 다시 한번 소동이 일어났다. 새로 만든 초상화의 얹은머리 모습이 기생이나 주모 같다는 말이 나오자, 화폐 도안을 맡은 이종상 화백은 자신이 김은호 화백의 제자로서, 김은호 화백이 생전에 고증이 부족해 아쉬워했던 부분인 눈동자나 입술을 수정하여 다시 그려 완성했다고 주장하였다.[35] 이에 대해 김은호 화백의 가족과 제자들은 이종상 화백이 김은호 화백의 제자를 사칭하고 있다며 명예훼손 고발을 검토하였고, 이종상 화백은 제자들 모임에 가입하지는 않았지만 가르침을 받고 스승으로 모신 것에 틀림이 없다고 반박하였다.[36]

한 동양화가는 이러한 일련의 과정이 자가당착 같은 모순임을 시적했다. 김은호 화백의 친일 경력과 왜색 화풍 논란 때문에 새 초상화를 제작하기로 했는데, 한국은행이 정작 김은호 화백의 제자인 이종상 화백을 초상화가로 선정하여 모순에 빠지게 되었다

김은호, 〈신사임당 표준 영정〉
오죽헌 몽룡실에 봉안된 '신사임당 표준 영정'으로, 김은호 화백의 친일 경력과 왜색 화풍으로 논란이
일었다. (『사임당의 생애와 예술』(이은상)에서 재수록)

이종상이 그린 신사임당 영정을 토대로 한 5만 원 권 화폐의 앞면
앞면에는 신사임당이 그렸다고 전해지는 〈묵포도도〉의 일부와 동아대박물관이 소장한 〈초충도수병〉
중 '가지'의 일부를 담았다.

는 것이다. 또한 새로 디자인된 화폐 초상화는 화폐용 영정 원화에 비해 시선 방향과 옷깃 묘사가 자연스럽게 수정되었지만, 이 초상화에서 "신사임당의 예술가적 기질이나 정신세계를 느끼기 힘들다"고 평하였다.[37]

　표준 영정과 지폐 초상화 중 어느 쪽이 신사임당의 실제 모습에 가까운지 우리로서는 알 수 없다. 김은호 화백은 사임당 일가의 얼굴형을 참고하여 영정을 그렸고, 이번에 새로 그려진 초상화는 16세기 복식을 고증한 것이라고는 하나 그 얼굴 모습은 어디까지나 추정일 뿐이다.

착한 여자에서 유능한 여자로, 신 현모양처의 유혹

　1970년대 박정희 정권 시기에 완성된 신사임당 이미지의 첫 번째 층위는 '전통적 현모양처'라는 점이다. 만약 '전통적 현모양처'에서 칠거지악의 규범을 따르는 유교적 부덕을 떠올린다면, 그것은 신사임당의 삶과 거리가 멀다. 나아가 전통의 탈역사화에 가깝다.

　사임당은 결혼 후까지도 모계 생활 터전에서 생활하였고 출생 가족에 대한 애착이 남달랐다. 출가외인이라고 하는 규범에서 벗어난 것이지만 효 일반으로 치환되었다. 또한 사임당이 자신의 학식을 가지고 남편을 훈도한 것에 대해서도 그저 출세를 돕는 내조라는 의미로만 강조되었다. 심지어 율곡을 비롯한 일곱 자녀들의 교육자로서 역할을 강조하는 것이 생육자로서의 어머니 규범을 넘어설 수 있다는 점도 간과되었다. 16세기와 조선 후기 사회 풍습의 차이가 인지되지 않았고, 정통 유교 이념에서 벗어난 행동과 의식도 준별되지 않았다.

신사임당의 당대적 삶의 실상은 2000년대 들어 여성사 연구가 진전되면서 비로소 온전하게 이해되기 시작하였다.[38] 이 연구에 따르면, 신사임당은 유교 가부장제의 핵심인 친영제(시집살이)가 자리 잡지 않은 시대, 동시에 남녀 유별의 성 역할 분리가 강화되어 가던 조선 중기 양반 여성으로 살았다. 그러므로 사임당은 조선 시대 양반 사회의 여성 규범을 완전히 깬 여성이라고 말할 수는 없지만 온전한 의미에서 조선 후기 유교적 부덕에 충실한 여성이었다고 볼 수도 없다. 하여 조선 후기에 보게 되는 전형적인 양반 여성상에 꼭 들어맞지는 않는다.

현모양처에 대한 여성주의적 비판이 거세진 21세기에 와서 그가 화폐 도안의 인물로 꼽히게 된 이유도 여기에 있다. 순전히 재능과 학식 때문이라면 황진이도 있고, 난설헌도 있다. 그가 기생이나 소박 맞은 양반이 아니라 정실부인 양반 여성이었고, 조선 후기 성리학의 지배적 이념을 대표하는 학자의 어머니였다는 사실은 여성의 뛰어난 능력을 체제를 위협하는 위험 요소가 아니라 오히려 체세 안에 안전히게 들어오도록 만들어준다. 하지만 동시에 신사임당이 전형적인 양반 여성의 부덕으로 유명한 이였다면 화폐 인물에 이르기는 힘들었을 것이다. 신사임당은 자신이 가진 그 뛰어난 능력으로 인해, 또 그 능력을 죽이지 않고 발전시켰기에 여러 가지로 해석될 수 있는 다면성을 가지고 있었다.

신사임당 이미지의 두 번째 층위는 '근대화 프로젝트를 수행하는 현모양처'이다. 이 현모양처는 수동적인 가정 내 존재가 아니라 가정과 사회를 넘나들면서 발전주의적 근대화 프로젝트를 수행하는 '초여인'이다. 이 프로젝트 속에서 건전한 가정을 일구는 것은 봉건적 유제가 아니라 강인한 의지와 인내로써 고난과 역경에 찬 근대화를 수행하는 주체의 행위가 된다.

박정희 정권이 전통의 수사학을 국가주의적 발전주의와 조화롭게 결합시키는 여성상을 제시했다면, 여성계 일각에서는 이를 슈퍼우먼의 모습으로 완성시켰다. 집안 살림, 자녀 교육, 시부모 봉양, 친정 부모 효도, 학문과 예술, 남편을 출세시키는 내조, 이 모든 것을 잘 해내는 말 그대로 슈퍼우먼, '초여인'의 모습이다. 신사임당은 근대화 프로젝트의 여성주체성을 선취함과 동시에 민족적 전통을 체현한 인물이 된 것이다.

여기서 '현모양처'는 식민지 시기 들어온 일본의 양처현모 이념이 우리 맥락에 따라 변동된 여성상임을 기억할 필요가 있다. 일본의 양처현모 이념은 정숙함과 자기희생 같은 유교적 규범과 가정의 주역으로서 남편과 대화를 하고 자선 활동이나 애국 활동을 하는 새로운 여성상을 결합한 것이다.

이 양처현모 이념은 우리나라와 중국에서 여성 교육 정책에 깊은 영향을 미쳤다. 그런데 우리나라에서는 어느 순간 양처현모 대신 현모양처라는 용어가 자리 잡았다. 이는 우리 역사에서 어머니의 역할을 강조하는 담론이 널리 힘을 얻었기 때문이다. 특히 국권 위기 시대의 여성교육론이 그 뿌리에 있다. 당시 어머니 될 여성이 교육을 받아 정신을 차려야 앞으로 문명한 나라의 국민을 길러낼 수 있다고 강조하였다. 이후 강인한 어머니상이 1970년대에까지 끊임없이 요구되었다. 식민, 분단, 전쟁의 격랑 속에서 우리나라 남성들은 무기력하거나 일찍 죽는 경우가 많았고, 여성들이 부재한 남성을 대신해서 실질적으로 아이를 기르고 생계를 이어갔기 때문이다.

신사임당을 통해 재탄생한 현모양처는 전통과 근대가 접합된 콜라주이다. 우아한 자태의 외관을 유지하면서 뛰어난 재능을 가지고 있으며, 여성에게 부여된 다양한 역할을 해내는 근성을 가진 다중적 페르소나를 구사하는 여성이다.

그러므로 신사임당을 '가부장적 우리 사회가 선택한 현모양처의 전형'이라고 가정하는 것은 사태의 복잡성을 너무 단순화하는 것이다. 신사임당이 슈퍼우먼의 내용을 담은 현모양처로 의미화되는 것은 현대 여성들의 욕망을 반영한다. 사임당교육원에서도 이제 사임당을 그냥 현모양처가 아니라 '여러 방면에 골고루 뛰어난 분', '효녀요, 어진 부인이요, 문학가요, 서예가요, 화가'인 '위대한 어머니'임을 강조한다.

이는 착한 여자 콤플렉스를 초과하여 모든 면에서 유능하다고 인정받는 어머니-여성 주체상을 보여준다. 불가능한 프로젝트이지만, 뿌리치기 힘든 유혹이다. 이것이 신사임당이 시효 만료된 화석화된 전통으로 땅에 묻히지 않고 '신'현모양처의 모습으로 다시 불려나오는 이유이다.

부록

율곡의 「선비행장」
신사임당 연보
출처
참고 문헌

　사임당 자당慈堂의 휘는 모某로 진사 신공申公의 둘째 딸*이다.
어렸을 때에 경전經傳을 통했고 글도 잘 지었으며 글씨도 잘 썼다.
또한 바느질도 잘하고 수놓기까지 정묘精하지 않은 것이 없었다.

　게다가 천성도 온화하고 얌전하였으며 지조가 정결하고 거동이
조용하였으며 일을 처리하는 데 안존하고 자상스러웠으며, 말이 적
고 행실을 삼가고 또 겸손하였으므로 신공이 사랑하고 아꼈다.

　성품이 또 효성스러워 부모가 병환이 있으면 안색이 반드시 슬
픔에 잠겼다가 병이 나은 뒤에야 다시 처음으로 돌아갔다. 가군
家君에게 이미 시집을 오게 되자 진사 신공이 가군에게 말하기를,
"내가 딸이 많은데 다른 딸은 시집을 가도 서운하질 않더니 그대

---

* 이이李珥의 외조부인 진사 신명화申命和를 가리킨다.

의 처만은 내 곁을 떠나보내고 싶지 않네 그려"라고 하였다.

신혼을 치른 지 얼마 안 되어 진사가 작고하니 상을 마친 뒤에 신부의 예로써 시어머니 홍씨洪氏를 서울에서 뵈었는데, 몸가짐을 함부로 하지 않고 말을 함부로 하지 않았다.

하루는 종족들이 모인 잔치 자리에서 여자 손님들이 모두 이야기하며 웃고 하는데 자당만 말없이 그 속에 앉아 있자 홍씨가 자당을 가리키며, "새 며느리는 왜 말을 않는가" 하셨다. 그러자 무릎을 꿇고 말하기를, "여자는 문밖을 나가 본 적이 없어서 전혀 본 것이 없는데 무슨 말씀을 하오리까" 하니, 온 좌중에 있던 사람들이 모두 부끄러워했다고 한다.

그 뒤에 자당께서 임영臨瀛(강릉의 고호)으로 근친覲親을 가셨는데 돌아오실 때에 자친慈親과 울면서 작별을 하고 대령大嶺(대관령) 중턱에 이르러 북평北坪 땅을 바라보고 백운白雲의 생각*을 견딜 수 없어 가마를 멈추게 하고 한동안 쓸쓸히 눈물을 짓고 다음과 같이 시를 지었다.

머리 하얀 어머님을 임영에 두고	慈親鶴髮 在臨瀛
장안을 향하여 홀로 가는 이 마음	身向長安 獨去情
고개 돌려 북촌北村 바라보노니	回首北村 時一望
흰 구름 날아 내리는 저녁 산만 푸르네.	白雲飛下 暮山靑

---

* 당唐나라 적인걸狄仁傑이 태행산太行山에 올라가 흰 구름(白雲)을 바라보며 "저 구름 아래 우리 아버지가 계신다" 하고 섰다가 구름이 옮겨간 뒤에야 그곳을 떠났다는 고사에서 온 말로, 어버이를 생각하는 뜻으로 쓰인다.

한성에 이르러 수진방壽進坊에서 살았는데 이때에 홍씨는 늙어* 가사를 돌보지 못하셨으므로 자당이 맏며느리 노릇을 했다.

가군은 성품이 호탕하여 세간살이를 불고하였으므로 가정 형편이 매우 어려웠는데 자당이 절약하여 윗분을 공양하고 아랫사람을 길렀는데 모든 일을 맘대로 한 적이 없고 반드시 시어머니에게 고하였다.

그리고 홍씨의 앞에서는 희첩姬妾(시중드는 여종)도 꾸짖는 일이 없고 말씀은 언제나 따뜻하고 안색은 언제나 온화했다. 가군께서 어쩌다가 실수가 있으면 반드시 간하고 자녀가 잘못이 있으면 훈계를 하였으며 좌우가 죄가 있으면 꾸짖으니 종들도 모두 존경하며 떠받들고 좋아했다.

자당이 평소에 항상 임영을 그리워하여 밤중에 사람 기척이 조용해지면 반드시 눈물을 흘리며 울고 어떤 때는 새벽이 되도록 잠을 이루지 못하였다.

하루는 친척 어른되는 심공沈公의 시희侍姬가 찾아와 거문고를 뜯자 자당께서는 거문고 소리를 듣고 눈물을 흘리며, "거문고 소리가 그리움이 있는 사람을 느껍게 한다"고 하셨는데, 온 방 사람들이 슬퍼하면서도 그 뜻을 몰랐다.

또 일찍이 어버이를 생각하는 시를 지었는데 그 글귀에,

---

* 때는 신축년(1541년)

밤마다 달을 보고 비노니 　　　夜夜祈向月

생전에 뵈올 수 있게 하소서 　　願得見生前

하였으니, 대체로 그 효심은 천성에서 나온 것이었다.

자당은 홍치弘治 갑자년(1504년) 10월 29일에 임영에서 태어나 가정嘉靖 임오년(1522년)에 가군에게 시집을 오셨으며 갑신년(1524년)에 한성으로 오셨다. 그 뒤에 임영으로 근친을 가 계시기도 했고 봉평蓬坪에서 살기도 하다가 신축년(1514년)에 다시 한성으로 돌아오셨다.

경술년(1550년) 여름에 가군이 수운판관水運判官에 임명되었고, 신해년(1551) 봄에는 삼청동三淸洞 우사寓舍로 이사를 했다. 이해에 가군이 조운漕運의 일로 관서關西에 가셨는데 이때 아들 선璿과 이珥가 모시고 갔다. 이때에 자당은 수점水店으로 편지를 보내시면서 꼭 눈물을 흘리며 편지를 썼는데 사람들은 그 뜻을 몰랐다.

5월에 조운漕運이 끝나 가군께서 배를 타고 서울로 향하였는데, 당도하기 전에 자당께서 병환이 나서 겨우 2~3일이 지났을 때 모든 자식들에게 이르기를, "내가 살지 못하겠다" 하셨다. 밤중이 되자 평소와 같이 편히 주무시므로 자식들은 모두 병환이 나은 줄로 알았는데 17일(갑진) 새벽에 갑자기 작고하시니 향년이 48세였다.

그날 가군께서 서강西江에 이르렀는데(이珥도 배행했다) 행장 속에 든 유기 그릇이 모두 빨갛게 되었으므로 사람들이 모두 괴이한 일이라고 했는데 조금 있다가 돌아가셨다는 기별이 들려왔다.

자당은 평소에 묵적墨迹이 뛰어났는데 7세 때에 안견安堅의 그림을 모방하여 산수도山水圖를 그린 것이 아주 절묘하다. 또 포도를 그렸는데 세상에 시늉을 낼 수 있는 사람이 없다.

그리고 그 그림을 모사模寫한 병풍이나 족자가 세상에 많이 전해지고 있다.

*출처 한국정신문화연구원 「율곡전서 3」

慈堂諱某。進士申公第二女也。幼時。通經傳。能屬文。善弄翰。又工於針綫。乃至刺繡。無不得其精妙。加以天資溫雅。志操貞潔。擧度閒靜。處事安詳。寡言愼行。又自謙遜。以此申公愛且重之。性又純孝。父母有疾。顔色必戚。疾已復初。既適家君。進士語家君曰。吾多女息。他女則雖辭家適人。吾不戀也。若子之妻則不使離我側矣。新婚未久。進士卒。喪畢。以新婦之禮。見姑洪氏于漢城。身不妄動。言不妄發。一日宗族會宴。女客皆談笑。慈堂默處其中。洪氏指之曰。新婦盍言。乃跪曰。女子不出門外。一無所見。尚何言哉。一座皆慙。後慈堂歸寧于臨瀛。還時。與慈親泣別。行至大嶺半程。望北坪不勝白雲之思。停驂良久。悽然下淚。有詩曰。慈親鶴髮在臨瀛。身向長安獨去情。回首北邨時一望。白雲飛下暮山靑。到漢城。居于壽進坊。時洪氏年老。時辛丑歲 不能顧家事。慈堂乃執家婦之道。家君性倜儻。不事治産。家頗不給。慈堂能以節用。供上養下。凡事無所自擅。必告于姑。於洪氏前。未嘗叱姬妾。侍婢皆名姬妾 言

必以溫。色必以和。家君幸有所失。則必規諫。子女有過則戒之。左右有罪則責之。臧獲皆敬戴之。得其歡心。慈堂平日。常戀臨瀛。中夜人靜時。必涕泣。或達曙不眠。一日有戚長沈公侍姬來彈琴。慈堂聞琴下淚曰。琴聲感有懷之人。擧座愀然。而莫曉其意。又嘗有思親詩。其句曰。夜夜祈向月。願得見生前。蓋其孝心出於天也。慈堂以弘治甲子冬十月二十九日。生于臨瀛。嘉靖壬午。適家君。甲申。至漢城。其後或歸臨瀛。或居蓬坪 地名 辛丑。還漢城。庚戌夏。家君拜水運判官。辛亥春。遷于三淸洞寓舍。其夏。家君以漕運事向關西。子璿，珥陪行。是時。慈堂送簡于水店也。必涕泣而書。人皆罔知其意。五月。漕運旣畢。家君乘船向京。未到而慈堂疾病。纔二三日。便語諸息曰。吾不能起矣。至夜半。安寢如常。諸息慮其差病。及十七日甲辰曉。奄然而卒。享年四十八。其日家君至西江。珥亦陪至行裝中鍮器皆赤。人皆怪之。俄而聞喪。慈堂平日墨迹異常。自七歲時。倣安堅所畫。遂作山水圖。極妙。又畫葡萄。皆世無能擬者。所模屛簇。盛傳于世。

『栗谷先生全書』卷之十八

1504년(1세)

10월 29일 강원도 강릉 북평촌에서 아버지 평산 신씨 명화 공과 어머니 용인 이씨 사이에서 다섯 딸 중 둘째로 태어났다.

1510년(7세)

아버지 신명화 공의 집은 한성이지만, 어머니 용인 이씨의 친정은 강릉 북평촌이었고 무남독녀였던 어머니 이씨는 친정 부모를 모시고 살았다. 신사임당은 북평촌에서 자라며 외조부와 어머니의 교육을 받았다. 안견의 화풍을 본받아 산수, 포도 등의 그림을 그리기 시작했다.

1513년(10세)

신사임당은 어려서부터 경전에 능통하고 글씨와 문장에 능했다. 뿐만 아니라 바느질과 자수에도 뛰어난 솜씨를 보였다.

1516년(13세)

아버지 신명화 공(당시 41세)이 한성에서 진사 시험에 올랐다.

1519년(16세)

기묘사화가 일어나 조광조를 비롯한 많은 학자들이 화를 당하였다. 그러나 그들과 뜻을 같이 했던 아버지 신명화 공은 화를 면하였다.

1521년(18세)

강릉 북평촌에서 외조모 최씨가 세상을 떠났다.

아버지 신명화 공(당시 46세)이 한성에서 강릉으로 내려가던 중에 병을 얻었다. 어머니 이씨가 조상의 무덤 앞에 가서 손가락을 끊어 기도하였더니, 이튿날 아버지의 병환이 나았다.(율곡의 『이씨 감천기』에 수록)

1522년(19세)

덕수 이씨 원수 공(당시 22세)과 결혼하였다.

신사임당은 출가한 뒤에도 어머니 이씨처럼 북평동 친정에 머물렀다. 같은 해 11월 7일에 아버지 신명화 공(당시 47세)이 한양 본가에서 세상을 떠났다.

1524년(21세)

한성으로 시어머니 홍씨에게 신혼례를 드리러 갔다.

9월에는 한성에서 첫째 아들 선을 낳았다.

신사임당은 이때부터 10여 년 동안 파주, 강릉, 봉평에서 살았다.

1528년(25세)

강릉에 친정어머니 이씨의 열녀정각이 세워졌다.

1529년(26세)

첫째 딸 매창을 낳았다.

1531년(28세)

둘째 아들 번을 낳았다.

1533년(30세)

둘째 딸을 낳았다.

1536년(33세)

셋째 아들 이(율곡)를 낳았다. 신사임당은 율곡을 잉태하였을 때 선녀가 옥동자를 안겨주는 꿈을 꾸었다. 또 낳을 때는 검은 용이 큰 바다로부터 날아와 신사임당의 침실에 이르러 문머리에 서려 있는 꿈을 꾸었다. 이런 연유로 율곡이 태어난 방을 몽룡실이라 한다.

1538년(35세)

셋째 딸을 낳았다.

1540년(37세)

큰 병이 나 자리에 누워 고통 받았다. 사임당의 병이 깊어 가족들의 걱정이 컸는데, 이때 다섯 살밖에 안 된 어린 율곡이 사당 앞에 엎드려 어머니 병환을 낫게 해달라고 기도했다.

1541년(38세)

강릉 친정집에 들렀다가 다시 한성으로 올라가며 대관령에서 '유대관령망친정踰大關嶺望親庭(대관령을 넘으며 친정을 바라본다)'는 시를 지었다. 서울 수진방에서 시집의 모든 살림살이를 주관한다.

1542년(39세)

넷째 아들 우를 낳았다.

1544년(41세)

한성에서 살며 홀로 북평촌에 계신 친정어머니를 그리는 시를 지으며 눈물을 지었다.

1550년(47세)

남편 이원수 공이 수운판관이라는 벼슬에 올랐다.

1551년(48세)

삼청동으로 집을 옮겼다.
남편 이원수 공과 아들 선 그리고 율곡이 세곡을 실어 올리는 일로 평안
도 지방으로 함께 갔다.
5월 17일(음력) 새벽, 사임당은 한양 삼청동 집에서 병으로 누운 지 삼일
만에 세상을 떠났다. 그날 남편 이원수 공과 두 아들은 배를 타고 서강
에 도착하여 사임당의 별세 소식을 전해 듣는다. 이때 율곡의 나이는 16
세였다.
파주 두문리 자운산에 장사 지냈다. 후에 사임당은 정경부인으로 증직
되었다.

* 『사임당의 생애와 예술』(이은상, 성문각, 1994)과 「전기적 방법을 통해 바라본 한 개인
의 정서적 삶 : 신사임당을 중심으로」(강민수, 『한국인물사연구 19』, 2013)에 실린 연보를
정리하여 작성하였다.

1장

1. 蘇世讓,「東陽申氏山水畫簇」,『陽谷集』10 補遺, "巖廻木老路紆盤. 樹林霧靄空濛裏, 帆影煙雲滅沒間. 落日板橋仙子過, 圍棋松屋野僧閑. 芳心自與神爲契, 妙思奇蹤未易攀."

2. 蘇世讓,「東陽申氏山水畫簇」,『陽谷集』권1, "數尺氷紈幽意足, 信知神筆奪天工."

3. 鄭士龍,「題申氏山水圖」,『湖陰雜稿』권5, "亂嶂開仙洞, 殘臺倚石丘. 逕微通白社, 潮急困黃頭. 小隱眞餘債, 浮名未放休. 眼明平遠趣, 依約鼎湖秋. 振鷺跳巖瀑, 華鯨殷石門……."

4. 李珥,「先妣行狀」,『栗谷全書』권18, "慈堂平日墨迹異常. 自七歲時, 倣安堅所畫, 遂作山水圖, 極妙, 又畫葡萄, 皆世無能擬者. 所模屛簇, 盛傳于世."

5. 鄭士龍,「奉題尙左相雪景圖」,『湖陰雜稿』권5

6. 魚叔權,『稗官雜記』, "吁! 何以婦人筆而忽之, 又豈何以非婦人之所宜責之哉."

7. 이숙인,「신사임당 담론의 계보학(1), 근대 이전」,『震檀學報』106(진단학회, 2008년) ; 박지현,「화가에서 어머니로: 신사임당을 둘러싼 담론의 역사」,『東洋漢文學硏究』25(東洋漢文學會, 2007년), 141~167쪽

8. 崔岦,「主人使相副室李挽詞」,『簡易文集』권8, "東陽夫人, …… 墨妙頗傳世."

9. 李景奭,「申夫人山水圖序」,『白軒集』권30, "謹閱申夫人山水圖, …… 凡蘭若茅店, 斷岸危橋, 若有若無, 若隱若見之狀. 細分毫末, 俱有筆外意, 其幽閑塞淵之德, 亦自著於有意無意之間, 此豈可學而能哉. 殆天得也. 其生栗谷先生也, 亦天也."

10. 송시열이 이러한 사유를 적어 놓은 편지글은 家傳되는 자료이며,『송자대전』에는 실리지 않았다. 이 편지글의 원문 및 해설은, 이은상,『사임당의 생애와 예술』134쪽 ; 율곡학회,『시대를 앞서간 여인 신사임당』, 188~202쪽 참조

11. 이 작품 사진을 흔쾌히 내어주신 수장가 김세종 선생님께 감사드린다.

12. 尹宣擧,「巴東紀行」,『魯西遺稿』續 권3, 1664년 음력 3월 10일 기록, "十日,

早還江陵, 入謝衙軒. 請玩師任堂申夫人畫蘭帖."

13. 宋時烈, 「師任堂畫蘭跋」, 『宋子大全』 및 「秋草群蝶圖跋」, 『槿域書畫徵』, "此故贈贊成李公夫人申氏之所作也. 其見於指下者, 猶能渾然天成, 若不犯人力也如此. 況得伍行之精秀, 會元氣之融和, 以成眞造化哉. 宜其生栗谷先生也."

14. 申暻, 「叔父恕菴先生遺事」, 『直菴集』 권19, "…… 죽천 김공(김진규)과 첨재 김공(김유)은 석담모부인 초충도에 발을 썼는데 미진하다고 여겨 그 주인으로 하여금 서암 선생(신정하)에게 장편시를 구하게 하여……."("竹泉金公, 儉齋金公, 跋石潭母夫人草蟲圖, 而自以爲未盡, 又令其主人, 更就先生乞長篇詩…….")

15. 宋相琦, 「思任堂畫帖跋」, 『玉吳齋集』 권15, "余有一宗人, 嘗言家有栗谷先生母夫人所寫草虫一幅, 當夏曝庭中, 有雞來啄之."

16. 肅宗, 「題模寫先正臣栗谷母所寫草蟲屛風」, 『列聖御製』 권16, "惟草惟蟲, 狀貌酷似. 婦人所描, 何其妙矣. 于以摸之, 作屛殿裏. 惜乎闕一, 疊摸可已. 只以采施, 此尤爲美. 其法維何, 無骨是耳."

17. 宋煥箕, 「東遊日記」, 『性潭集』 권12, 1781년 음력 8월 16일 기록, "사임당이 그리신 여러 첩을 받들어 감상하였다. 그 점획이 활발하여 새로운 것 같으며 혹은 병풍으로 혹은 두루마리로 만들어져 있었고, 우리 선조들이 수암(遂菴, 權尙夏)과 장암(丈巖 鄭澔)에게 쓰게 하신 제문들이 모두 그 가운데 적혀 있으니, 절대보배라 이를 만하다."("奉玩師任堂手畫諸帖, 其點畫活動如新, 而作屛或作軸, 我先祖曁遂菴丈巖所撰諸文, 俱寫在其中, 可謂絶寶也.")

18. 申暻, 「書師任堂手蹟後」, 『直菴集』 권10, "今是帖與鄭本, 雖紙幅有大小之異, 卽其名物同一規模, 而更無差別, 遂信其出於夫人之手無疑矣."

19. 趙顯命, 「祭從孫宜鎭文」, 『歸鹿集』 권19 참조

20. 황윤석과 이선해의 기록은 姜寬植, 「조선후기 지식인의 회화경험과 인식」, 『頤齋亂藁로 보는 조선지식인의 생활사』(한국학중앙연구소, 2007년), 505~515쪽 참조

21. 宋代와 元代의 초충도에 부쳐졌던 제화시의 내용으로 알 수 있다. Roderick Whitfield(*Fascination of Nature, Plants and Insects in Chinese Painting and*

Ceramics of the Yuan Dynasty, 예경, 1993년)가 대영박물관 소장품인 謝楚芳의 〈乾坤生意〉(元代, 1321년)를 언급하며 위의 제화시 내용을 소개한 바 있다. 송대와 원대의 초충도의 의미에 대해서는 고연희, 「초충도, 인물을 조롱하다」, 『문헌과 해석』 65(2013년 겨울호) ; 동저, 「초충도, 세태를 풍자하다」, 『문헌과 해석』 66(2014년, 봄호)에서 자세하게 풀어보았다.

22. 宋時烈, 「鎭川縣槐四堂記」, 『宋子大全』 권145, "夫儒者之道, 以天地爲父母, 則凡生乎天地之間者, 雖昆蟲草木, 幷是吾與, 而皆在所愛之中矣."

23. 카타야마 마리코, 「조선미술에 있어서의 초충도의 전개」, 『花卉草蟲』(高麗美術館, 2011년), 33~39쪽

24. 정선의 초충도와 신사임당 초충도의 연관성 문제는, 姜寬植, 「眞景時代의 花卉翎毛」, 『澗松文華』 61집(韓國民族美術硏究所, 2001년), 75~98쪽에서 거론된 바 있다.

25. '정필동본' 각 폭의 묘사는 申靖夏, 「鄭掌令宗之所藏師任堂草蟲圖歌」〈표3〉의 내용이다.

26. 오죽헌시립박물관의 2004년 특별전, '아름다운 여성, 신사임당' ; 高麗美術館의 2011년 기획전 '花卉草蟲'에서 출품된 사임당 초충도 전칭작들 외에도 다수의 전칭작이 전하고 있다.

27. 宋相琦, 「師任堂畵帖跋」, 『玉吾齋集』 권13, "花苽諸品, 種種精妙, 而虫蝶之屬, 尤入神, 意態生動, 不似毫墨間物." ; 金鎭圭, 「題思任堂草虫圖後」, 『竹泉集』 권6, "虫蝶花苽之類, 非但狀貌之酷肖, 秀慧之氣, 颯爽如生, 有非俗史舐毫吮墨."

28. 申靖夏, 「鄭掌令宗之必東所藏師任堂草蟲圖歌」, 『恕庵集』 권3(1711년)

29. 이에 대한 기존 저서들의 오류를 수정해야 할 것이다. 『시대를 앞서간 여인 신사임당』 228쪽에는 1736년으로, 『민족대백과사전』에는 1756년으로 기록되어 있다. 그러나 鄭澔, 「松潭書院廟庭碑記」, 『丈巖集』 권15에 따르면, 묘정비는 현종이 사액을 내린 지 67년 만인 1726년(丙吾年)에 세워졌다.

30. 金鍾秀, 「夢梧金公年譜」, 『夢梧集』 권2, "江陵松潭書院, 再被回祿之灾, 而獨廟宇全安. 人以爲院是栗谷妥靈之所, 故得神明所助."

31. 李源福,「申師任堂의 草蟲圖 -定型樣式의 實相과 그 位相」,『花卉 · 草蟲』(京都: 高麗美術館, 2011년), 15~30쪽에서 '간송미술관 소장 초충 8폭'과 '오죽헌시립박물관 소장 초충 8폭'의 유사성을 지적하고 이들을 하나의 '유형'으로 정리한 바 있다. 그러나 결론의 관점은 필자의 논지와는 차이가 있다. 무엇보다 '간송미술관 소장 초충 8폭'의 내용을 오롯하게 정리할 수 있도록 큰 도움을 주신 간송미술관의 백인산 선생님께 감사드린다.

32. 李源福, 앞의 글(2011년), 주 25에 박물관 유물카드의 내용 '傳申師任堂筆草蟲圖, 1978. 7. 25. 朴正熙 寄贈'이라 밝혀져 있다.

2장

1. 金長生,「栗谷李先生家狀」,『沙溪遺稿』권7, "申氏, 己卯名賢名和女. 資稟絶異, 習禮明詩, 於古女範, 博極無餘."

2. 金長生, 앞의 글, "監察公, 悃愊無華, 休休樂善, 有古人風"

3. 金長生, 앞의 글

4. 행장, 시장, 신도비명, 묘표, 묘지명 등은 저자들의 문집과 『율곡선생전서』(권 35~37)에 있다. 1665년에는 송시열 등이 율곡의 연보를 완성했다. 연보 작성은 매우 중요한 계기이지만, 율곡의 연보에 사임당에 대한 정리는 거의 없으므로 생략했다.

5. 李廷龜,「栗谷先生諡狀」,『月沙集』권53

6. 李恒福,「栗谷先生碑銘」,『白沙集』권4

7. 李廷龜,「栗谷李先生墓表」,『月沙集』권49

8. 金集,「文成公栗谷李先生墓誌銘」,『愼獨齋先生遺稿』권9

9. 서정문,「栗谷碑銘의 찬술과 개찬 논란 검토」,『조선시대사학보』47(2008년) 참조

10. 서정문, 앞의 글, 54쪽 표 참조

11. 宋時烈,「紫雲書院廟庭碑銘」,『宋子大全』권171

12. 宋時烈, 앞의 글

13. 율곡의 10만 양병설을 둘러싼 문제에 대해서는 이재호의 『조선사 3대 논쟁』

(위즈덤하우스, 2008년)과 민덕기의 「이율곡의 십만양병설은 임진왜란용이
될 수 없다」,『한일관계사연구』 41(2012년) 참조

14. 「顏淵」, 『論語』

15. 宋時烈, 「靜觀齋李公神道碑銘」, 『宋子大全』 권170

16. 金壽興, 「獨樂亭記」, 『退憂堂集』 권10

17. 宋時烈, 「獨樂亭記後說」, 『宋子大全』 권135

18. 宋時烈, 「書申夫人筆蹟後」, 『宋子大全』 권146

19. 이은상, 『사임당의 생애와 예술』(성문각, 1962년). 이은상은 이 책에서 송시
    열의 편지를 「사임당 산수화 발문(師任堂山水圖跋)」이라 하고(213, 216쪽),
    출전은 '집안에 전하는 서첩(家傳書帖)'이라 하였다. 그러나 내용과 형식을
    보면 발문은 아니고 편지이다. 사사롭게 전한 편지이므로 발문에 없는 송시
    열의 의중이 잘 드러났다.

20. 편지를 소개한 이은상은 몇몇 의문과 견해를 제시했다.(이은상, 앞의 책,
    205~208쪽) 송시열에 의한 사임당 담론의 전환에 이 편지를 중요한 전거
    로 활용한 연구는 박지현의 「화가에서 어머니로: 신사임당을 둘러싼 담론의
    역사」, 『동양한문학연구』 25(2007년)와 이숙인의 「신사임당 담론의 계보학
    (1): 근대 이전」, 『진단학보』 106(2008년), 「그런 신사임당은 없었다: 권력과
    젠더의 변주」, 『철학과 현실』(2009년), 「신사임당: 서인-노론의 성모聖母 프
    로젝트」, 『내일을 여는 역사』 54(2014년), 고연희의 「'신사임당 초충도' 18세
    기 회화문화의 한 양상」, 『미술사논단』 36(2013년) 등이다.

21. 이은상, 앞의 책, 213~217쪽

22. 박지현, 이숙인의 앞의 글. 그러나 송시열은 그림 속에 있는 불교적 요소를
    부정적으로 보았을 뿐이고, 성리학자로서 산수화를 부정할 이유는 없다는 주
    장도 있다.(고연희, 앞의 글) 필자도 고연희의 의견에 동의한다. 다만 송시열
    이 부정적으로 평가한 이유는 그림 속에 있는 불교적 요소를 비롯한 유교 명
    분에 어긋나는 것들 때문이라는 점을 지적하고 싶다.

23. 蘇世讓, 「東陽申氏山水畫簇」, 『陽谷集』 권10 補遺

24. 宋時烈, 「申夫人畫障跋」 補遺, 『宋子大全』 권147

25. 宋時烈,「申夫人畫障 再跋」,『宋子大全』권147

26. 이은상 이후 모든 연구는 소세양과 송시열이 쓴 산수화와 이경석의 서문이 붙은 산수화를 같은 작품으로 여겼다. 그러나 송시열이 소세양의 시는 분명히 보았지만 이경석의 글을 보았다는 말을 하지는 않았으므로 단정은 섣부르다. 이경석이 소세양의 시가 쓰인 사임당의 산수화를 본 것은 확실하다. 그러나 소세양이 사임당의 산수화에 남긴 시는 현전하는 작품만도 2편이다.(「東陽申氏山水畫簇」,『陽谷集』권1 ;「東陽申氏山水畫簇」,『陽谷集』권10 補遺) 또한 율곡은 「선비행장」에서 '세상에 사임당이 그린 병풍과 족자가 많이 전한다'고 하였다. 따라서 소세양의 시가 쓰인 다른 산수화에 이경석이 서문을 썼을 가능성도 배제할 수는 없다.

27. 李景奭,「申夫人山水圖序」,『白軒集』권30

28. 宋時烈,「年譜」,『宋子大全』부록 권2 ;「年譜」,『宋子大全』부록 권11

29.『율곡집』은 성혼이 주도하고 김장생 등이 참여했으며, 최종적으로 박여룡이 완성하였다. 속집, 외집, 별집은 박세채가 편집을 주도하고 송시열 등이 참여하여 완성하였다.

30.『율곡 속집』등의 편찬 과정은『율곡전서』,『한국문집총간』44·5의 해제 참조

31. 宋時烈,「栗谷別集正誤」,『宋子大全』권130

32. 宋時烈,「玉山詩稿序」,『宋子大全』권138

33. 宋時烈,「師任堂畫蘭跋」,『宋子大全』권146

3장

1. 李珥,「先妣行狀」,『栗谷全書』권18, "到漢城, 居于壽進坊, 時洪氏年老, 時辛丑歲 不能顧家事, 慈堂乃執冢婦之道. 家君性倜儻, 不事治産, 家頗不給. 慈堂能以節用, 供上養下. 凡事無所自擅, 必告于姑, 於洪氏前, 未嘗叱姬妾侍婢, 皆名姬妾 言必以溫, 色必以和, 家君幸有所失, 則必規諫, 子女有過則戒之. 左右有罪則責之. 臧獲皆敬戴之, 得其歡心."

2. 李珥, 앞의 글,『栗谷全書』권18, "慈堂平日墨迹異常. 自七歲時, 倣安堅所畫,

遂作山水圖, 極. 又畫葡萄, 皆世無能擬者, 所模屏簇, 盛傳于世."

3. 金長生,「栗谷李先生行狀」,『沙溪全書』제6권, "申氏, 己卯名賢和女. 資稟絶異, 習禮明詩, 於古女範, 博極無餘. 先生以嘉靖丙申十二月二十六日, 生于關東臨瀛北坪村. 生時申夫人夢, 龍抱兒納于懷中. 故小字見龍."

4. 金尙憲,「金長生 墓誌銘」,『淸陰集』

5. 金長生,「附錄」,『沙溪全書』권49

6. 宋時烈,「愼獨齋 神道碑銘」,『愼獨齋全書』권19

7. 李恒福,「栗谷先生碑銘」,『白沙集』권4, "申夫人方重身, 夢龍騰海入室, 抱兒納懷中, 已而生子."

8. 金集,「栗谷先生 墓碑銘」,『愼獨齋全書』제8권, "申氏夢黑龍自大海騰入寢室, 俄而先生生."

9. 宋時烈,「紫雲書院廟庭碑」, "及娠, 益以禮自持, 夢見神龍, 文章爛然, 飛入寢室, 而先生生焉."

10. 宋時烈,「師任堂畵蘭跋」,『宋子大全』권146, "此故贈贊成李公夫人申氏之所作也. 其見於指下者, 猶能渾然天成, 若不犯人力也如此. 況得伍行之精秀, 會元氣之融和, 以成眞造化哉. 宜其生栗谷先生也."

11. 金鎭圭,「題思任堂草蟲圖後」,『竹泉集』권6, "右栗谷先生母夫人所畫草蟲七幅. 鄭正言宗之宰襄陽時, 得之於邑人. 盖夫人嘗居江陵, 而宗之之所從得之者, 卽夫人戚屬也. 畫本八幅而逸其一, 宗之將作屏, 要余題後以補其數. 余謹受而諦玩, 其所畫只用彩而不以墨描, 如古所謂無骨之法. 而虫蝶花菰之類, 非但狀貌之酷肖, 秀慧之氣, 颯爽如生. 有非俗史舐毫吮墨之所能及, 吁其奇矣."

12. 申靖夏,「師任堂草蟲圖歌」,『恕菴集』권3

13. 宋相琦,「思任堂畵帖跋」,『玉吾齋集』권13, "此帖花菰諸品, 種種精妙, 而虫蝶之屬, 尤入神. 意態生動, 不似毫墨間物."

14.「題模寫先正臣栗谷母所寫草蟲屏風」,『列聖御眞』(이은상,『신사임당 생애와 예술』, 160쪽 재인용), "惟草惟虫, 狀貌酷似, 婦人所描, 何其妙矣. 于以摸之, 作屏殿裡, 惜乎闕一, 疊摸可已. 只以朶施, 此尤爲美. 其法維何, 無骨是耳."

15. 鄭澔,「松潭書院所藏畵屏跋文」

16. 李秉淵,「師任堂葡萄次韻」(이은상, 앞의 책, 162~164쪽 재인용),"父師嚴訓
    不髭鬚, 成就吳東亞聖流. 馬乳數叢人獨愛, 女中還道李營丘."

17. 申暻,「書師任堂手蹟後」,『直菴集』권10

18. 申暻, 앞의 글,『直菴集』권10,"今是帖與鄭本, 雖紙幅有大小之異, 卽其名物
    同一規模, 而更無差別, 遂信其出於夫人之手無疑矣. 若其品格之高, 先生所謂
    俱極精妙四字盡之."

19. 權尙夏,「題竹瓜魚畵帖」(이은상, 앞의 책, 168쪽 재인용)

20. 趙龜命,「題宜鎭所藏申夫人畵帖」,『東谿集』권6,"丁巳孟夏, 得宜鎭所藏栗谷
    先生母夫人申氏畵花草八幅, 肅容盥手以覽. 嗚呼, 此其爲申夫人畵無疑也, 筆
    意幽姸而超朗, 幽姸者, 所以爲婦人. 超朗者, 所以爲栗谷先生之母也. 況其出自
    金延興家寢屛, 延興與栗谷幷世, 必不以贗本爲珍藏也."

21. 이은상, 앞의 책, 335~337쪽

22. 李彦愈,「師任堂畵梅西湖志跋」(이은상, 앞의 책, 193쪽 재인용)

23. 金鎭圭,「題思任堂草虫圖後」,『竹泉集』권6,"抑余嘗觀古傳記所稱婦工, 止織
    紝組紃, 若乃繪事不與焉. 而夫人之技如此者, 豈煩於姆敎哉? 諒由其性惡才敏
    而旁及之耳! 古人謂畵與詩相通. 詩亦非婦人之事, 而葛覃卷耳, 寔聖妃所作.
    化行於芣苢蘩蘋. 而至若喓喓趯趯之詠, 又是此畵所貌者也. 則何可以外於織紝
    組紃而少之哉."

24. 申靖夏,「師任堂草蟲圖歌」,『恕菴集』권3,"想得從容落筆時, 用意不在丹靑爲.
    當年葛覃卷耳詠, 彷彿寫出無聲詩. 衛夫人管夫人, 古來書畵名其身. 嗟爾本自
    無所挾, 縱有絕藝難並立."

25. 申暻,「書師任堂手蹟後」,『直菴集』권10

26. 宋時烈,「師任堂畵蘭跋」,『宋子大全』권146

27. 宋時烈,「師任堂山水圖跋」,『家傳書帖』(이은상, 앞의 책, 220~221쪽 재인용)

28. 鄭澔,「松潭書院所藏畵屛跋文」(강릉 오죽헌시립박물관 소장)

29. 鄭晧,「師任堂畵帖跋」,『丈巖集』권25

30. 兪彦吉,「葡萄圖跋」(이은상, 앞의 책, 335~337쪽 재인용)

31. 權燽,「題師姙堂畵帖」,『震溟集』권8,『역대문집총서』,"余覩申夫人慕周姙姒

之德, 自稱師姓. 敎育文成公, 卒有所成就, 賢也. 旣賢且智而又善於畫, 畫無不工也. 昔莊姜, 許穆夫人, 其詩著於三百篇. 君子多其語出於淑特, 而夫人則不然. 山水草木蟲魚鳥獸雲霞之狀類, 無所不摸畫. 發幽閒而寓其情, 一草一物, 無非性情也. 吳於莊姜, 許穆夫人, 又何次第焉."

32. 金鎭圭,「題思任堂草虫圖後」,『竹泉集』권6, "先生之賢, 實出胎敎. 而其在幼少, 手畫兄弟奉父母同居, 此亦得之於侍奉筆硯間也. 噫! 聖賢之學, 必資天分之高明, 而高明者固多才藝. 然則玆雖數幅小圖, 而苟能從流而泝源, 由枝而尋本. 自可彷想於先生學術之崇深, 益篤其高山景行之慕. 吳知宗之之所以葆藏者, 意在乎此爾."

33. 申靖夏,「師任堂草蟲圖歌」,『恕菴集』권3

34. 申暭,「書師任堂手蹟後」,『直菴集』권10

35. 金昌翕,「江陵烏竹軒」,『三淵集』권9, "儒賢所出大瀛濱, 古老相傳孟氏隣. 是母眞能生是子, 斯文何幸有斯人. 伊吳竹裏硏經夕, 匍匐祠前禱疾晨, 几閤猶留要訣草, 試看心畫捻精神."

36. 鄭澔,「烏竹軒重修記」,『丈巖集』권24, "曾聞先生始誕之夕, 有黑龍飛入寢室之夢, 及先生沒, 又有黑龍飛騰上天之異. 與夫闕里麟告之兆, 又何絶相符也."

37. 宋相琦,「思任堂畵帖跋」,『玉吳齋集』권13, "若夫人淑德懿行, 至今談者稱爲梱範之首, 而況以栗谷先生爲之子. 先生, 卽百世之師也, 世豈有師其人而不敬其師之親者乎. 然則夫人之所可傳者, 固有在矣, 而又有此帖以助之, 後之人必曰, 此栗谷先生之母之手蹟, 由先生而及於夫人, 愛玩寶惜."

38. 權尙夏,「題竹瓜魚畵帖」(이은상, 앞의 책, 168쪽 재인용)

39. 이은상, 앞의 책, 335~337쪽

40. 洪良浩,「題師任堂申氏畵幅」(이은상, 앞의 책, 175~176쪽 재인용)

41. 강관식,「조선 후기 지식인의 회화 경험과 인식」,『이재난고로 보는 조선지식인의 생활사』(한국학중앙연구원), 505쪽 재인용

4장

1. 張膺震,「人生의 義務」,『태극학보』제2호(1906. 9. 24.), 20쪽

2. 張啓澤,「家庭敎育」,『태극학보』제2호(1906. 9. 24.)

3. 深谷昌志,『良妻賢母主義の敎育』(黎明書房, 1981년), 155~156쪽

4. 문혜윤, "국민국가의 형성과 여성의 역할", 여자독본 해제, 8~9쪽

5. 장지연,『여자독본』상(광학서포, 1908년), 1~2쪽

6. 장지연, 앞의 책

7. 장지연, 앞의 책, 12쪽

8. 이숙인,「신사임당 담론의 계보학(1): 근대 이전」,『진단학보』106(2008년)

9. 길진숙,「『독립신문』,『미일신문』에 수용된 '문명/야만' 담론의 의미 층위」,『국어국문학』136권(2004년), 338~345쪽

10. 閔泳大,「女子敎育에 就하야」(二)],『每日申報』(1918. 7. 14.)

11. 崔海朝,「思想의 改新과 女子敎育」(二),『每日申報』(1919. 6. 17.)

12.「逸士遺事(169)」,『매일신보』(1916. 8. 10.)

13.「文苑: 東詩叢話」,『매일신보』(1917. 11. 25.)

14. 高義東,「朝鮮의 十三大畵家」,『개벽』61호(1925년), 22~24쪽

15.「昔年今日, 5월 17일」,『매일신보』(1939. 7. 13.)

16. 아동 교육에 필요한 지식을 어머니들에게 알려주는 것이 필요하다는 이유에서「민족발전에 필요한 어린아희 기르는 법」이라는 글을『동아일보』에 연재하였다. 1925년 8월 28일부터 10월 9일까지 총 41회에 걸쳐 연재되었다.(허영숙,「민족발전에 필요한 어린아희 기르는 법(1)」,『동아일보』(1925. 8. 28.))

17. 허영숙,「각오하여 두어야 할 죠선 여자의 텬직」,『동아일보』(1925. 10. 18.)

18. 이은상,「조선의 여성은 조선의 모성」,『신여성』(1925) 6~7월호, 5~6쪽

19. 이은상은 신사임당에 대한 기록과 자료를 포괄적으로 수집하여, 1962년『사임당의 생애와 예술』을 출간한다. 이 책은 박정희 정권 때 국가 주도의 신사임당 담론을 만드는 데 주요한 기반이 되었다. 뿐만 아니라 현재 신사임당에 관한 담론들이 준거하는 원 자료의 역할을 하고 있다.(김수진,「현모양처, 신

여성, 초여인의 얼굴을 지닌 사임당」, 220~221쪽)

20. 壬寅生, 「모던이씀」, 『별건곤』 제25호(1930. 1. 1.), 139~140쪽

21. 홍양희, 「식민지시기 '현모양처론'과 '모더니티' 문제」, 『사학연구』 99(2010년)

22. 赤羅山人, 「모던數題」, 『신민』 59호(1930. 7. 1.)

23. 金吾星, 「女性의 敎養問題」, 『여성』 5권 5호(1940년) 5월호

24. 「좌담회: 고난속을 가는 여성-가정생활을 중심으로」, 『여성』 4권 10호(1939년) 10월호, 24쪽

25. 金樂泉, 「賢母良妻란 무엇인가-忍從屈從의 뜻이 아니다」, 『실생활』 3권 7호(獎産社, 1932. 7.), 11쪽

26. 金樂泉, 앞의 글, 9~10쪽

27. 1932년 『동아일보』는 「어머니의 힘」이라는 기획 연재물을 통해 외국 어머니의 모델을 1월부터 시리즈로 연재한 후, 4월 21일부터는 '조선 어머니의 모델'을 연재하였다.(「모성애는 거룩하다」, 『東亞日報』(1939. 6. 23.))

28. 沙雲生, 「盲目明視의 好賢母」, 『新家庭』(1935년) 7월호, 74쪽

29. 車相瓚, 「朝鮮史上의 名夫人列傳-其一 申師任堂」, 『家庭之友』 제2호(1937년) 1월호 ; 車相瓚, 「朝鮮史上의 名夫人列傳-其二 徐藥峰 母親 李氏」, 『家庭之友』 제3호(1937년) 3월호 ; 車相瓚, 「朝鮮史上의 名夫人列傳-其三 女流陰謀家 李厚載夫人」, 『家庭之友』 제4호(1937년) 6월호 ; 車相瓚, 「朝鮮史上의 名夫人列傳-其四 千古列女 西江船夫黃鳳의 妻」, 『家庭之友』 제5호(1937년) 7월호 ; 「용모보다도 지혜와 덕성 강감찬의 어머니」, 『家庭의 友』(1938년) 9월호, 22~23쪽 ; 「세아들을 다 과거에 급제식힌 김부식의 어머니」, 『家庭의 友』(1938년) 9월호, 24~25쪽 ; 「어머니독본-제6과 아동과 가정교육」, 『家庭의 友』(1938년) 9월호, 40~43쪽 ; 「현부인이야기-1. 모든 고초와 어려움을 참고 내조의 힘을 쓴 충부공의 부인」, 『家庭의 友』(1938년) 10월호, 10~11쪽 ; 「현부인 이야기 2. 정절을 직히고 시부모를 밧들은 유진아의 부인」, 『家庭의 友』(1938년) 10월호, 12~13쪽

30. 홍양희, 앞의 글, 333~334쪽

31. 車相瓚, 「朝鮮史上의 名夫人列傳-其一 申師任堂」, 『家庭之友』 제2호(1937 년) 1월호

32. 金瑗根, 「朝鮮心과 朝鮮色(二)-율곡 선생의 모친 사임당 신씨」, 『동아일보』 (1934. 10. 20.)

33. 申龜鉉, 「율곡선생의 어머니 신사임당 평전」, 『여성』(1939. 9.)

34. 金瑗根, 앞의 글

35. 申龜鉉, 앞의 글

36. 金瑗根, 「朝鮮心과 朝鮮色(其二), 율곡선생의 모친 사임당 신씨」, 『동아일보』 (1934. 10. 20.)

37. 金瑗根, 「詩, 書, 畵, 三全의 師任堂 申氏」, 『신가정』(1935. 9.), 37쪽

38. 車相瓚, 「朝鮮史上의 名夫人 列傳 其1-申師任堂」, 『家庭之友』 2호(1937. 1.), 4쪽

39. 申龜鉉, 「율곡선생의 어머니 신사임당 평전」, 『여성』 4권 9호(1939. 9.), 79쪽

40. 申龜鉉, 앞의 글, 79쪽

41. 최유리, 「일제말기 징병제 도입의 배경과 그 성격」, 『역사문화연구』 12(2000 년), 404~406쪽

42. 일본이 조선 남성을 동원하려 할 때, 아들이 군대에 나가는 것을 반대하는 어머니의 '가족주의'는 큰 장애물이었으며, 이 때문에 조선총독부는 조선 여성들에게 일본 여성을 본받아 군국의 어머니가 되자는 선전을 대대적으로 하였다.(이상경, 「일제말기 여성동원과 군국의 어머니」, 『페미니즘연구』 2(2000년), 207쪽)

43. 우에노 치즈코, 『젠더와 내셔널리즘』(박종철출판사, 1999년), 27~29쪽

44. 「문화익찬의 반도체제 좌담회-금후문화부활동을 중심하여」, 『매일신보』 (1941. 2.), 12~23쪽 ; 공임순, 「전시체제기 징병취지 '야담만담부대'의 활동상과 프로파간다화의 역학」, 『한국근대문학연구』 26(2012년), 434~435쪽

45. 좌담회, '징병령과 여자교육', 『조광』(1942. 11.) ; 이상경, 앞의 글, 212~213쪽 재인용

46. 공임순, 앞의 글, 438~439쪽

47. 공임순, 앞의 글, 440쪽, 야담·만담가들을 '말하는 교화미디어'로 규정하는 논의는 공임순에게 빌려왔다.

48. 공임순, 앞의 글, 437쪽

49. 申鼎言, 「徵兵趣旨 野談漫談行脚-江原 篇」, 『매일신보』(1943. 3. 19.)

50. 申鼎言, 「百德百藝의 師表 申師任堂」, 『춘추』(1941. 3.)

51. 申鼎言, 같은 글

52. 「신사임당의 전기, 東劇이 연극으로 각색 준비」, 『매일신보』(1944. 4. 25.)

53. 송영, 「신사임당」(1945년), 『해방전(1940~1945년) 공연집』(이재명 엮음, 평민사, 2004년), 290쪽

54. 송영, 앞의 글, 291쪽

55. 정호순, 「국민문학에 나타난 모성 연구」, 『어문연구』 33-1(2005년), 337쪽

5장

1. 「인터뷰: 5만 원 권 신사임당 그린 이종상」, 『연합뉴스』(2009. 2. 28.)

2. 「고리타분한 사임당? '커리어 우먼'입니다, 이영애 송승헌 기자간담회」, 『경향신문』(2015. 12. 1.)

3. 이 부분의 글은 김수진이 쓴 『'근대'의 과잉-식민지조선과 신여성』(소명출판사, 2009년)에서 발췌·수정하여 작성한 내용임을 밝혀 둔다.

4. 신사임당에 대한 근대적인 이미지의 원형이 모두 등장했으며, 그 어느 것으로 지배적이지는 않은 '동요하는 이미지'들을 보여주고 있다.(Kim Soojin, "Vacillating Images of Shin Saimdang: the invention of a historical heroine in colonial Korea", *Inter-Asia Cultural Studies* Vol.15. No.2(2014년))

5. 강릉 오죽헌에 대한 정화 사업으로 1975~76년에 걸쳐 4억 7,100만 원이 쓰였다. 신규 건축물로는 문성사, 기념관, 기념비가 있다. 은정태, 「박정희 시대 성역화 사업의 추이와 성격」, 『역사문제연구』 제15호(2005년), 251쪽

6. 이은상, 『보유 수정 사임당의 생애와 예술』(성문각, 1994년), 364쪽, 373쪽

7. 사임당의 동상은 세 개가 있다. 1970년 애국선열조상건립위원회가 제작하고 고려 원양어업 사장 이학수가 헌납하여 사직공원에 둔 것이 있고, 1974년 강

원도가 경포대에 세운 것 그리고 사임당교육원 안에 세워져 있다. 경포대의 동상에는 박정희 대통령의 글씨로 '신사임당상'이라고 쓰여 있다.(이은상, 앞의 책)

8. 사임당교육원 설치 조례 제1조, 1977. 7. 29. 조례 제1041호, 개정 1991. 3. 25 조례 2203

9. 최근 교육 과정에는 반공 교육과 국가 추모 의례가 없다. 대신 전통 문화 체험 과정을 더 강화했다. 여성상도 애국애족에 투철한 현모양처라는 애초의 이념이 퇴색하고 당당하고 힘찬 '21세기형 여성'으로 강조점이 변화되었다. 강연 주제도 '남녀평등', '21세기와 나'이다.(사임당교육원 홈페이지, http://www.saimdang.or.kr/ 참조)

10. 강원도교육위원회 사임당교육원(1982년): 48쪽

11. 강원도교육위원회 사임당교육원(1982년): 66~67쪽

12. 「부녀회관 건립기공식 치사」, 『박정희대통령 연설문집-최고회의 편』(대통령 비서실, 1963. 4. 10.)

13. 『주부생활』지에 실린, '주부들에게 보내는 메시지', 『박정희대통령 연설문 집』(대통령비서실, 1965. 11. 24.)

14. 황정미, 『개발국가의 여성정책에 관한 연구: 1960~70년대의 한국 부녀 행정을 중심으로』(서울대학교 사회학과 박사학위논문, 2001년, 미간행), 179~183쪽

15. 「영원의 백목련」, 『전남매일신문』(1974. 8. 19.)

16. 「육영수 여사를 애도함」, 『강원일보』 사설(1974. 8. 16.)

17. 이명휘, 「추도문집 간행에 즈음하여」, 이명휘 편(1977년), 375쪽. 이 부분의 글은 김수진이 쓴 『'근대'의 과잉-식민지조선과 신여성』(소명출판사, 2009년)에서 발췌·수정하여 작성한 내용임을 밝혀둔다.

18. 신사임당의 날은 양력 5월 17일이다. 1회만 주부클럽연합회의 사정으로 7월 1일에 개최하였다. 1968년 3월 중앙위원회에서 신사임당의 날 일자를 결정하였다. 신사임당의 기일이 음력 5월 17일인데 생신 때가 음력 10월 29일로 김장철이어서 행사일을 양력 5월 17일로 정하였다고 한다.

19. 대한주부클럽편, 『20년사』(1987년), 63쪽

20. 「선각자보다 아홉 사람의 시민을」, 이화봉직 50주년을 맞아 여성에게 주는 글, 『여원』(1968년) 155호; 조은, 「가부장제와 근대를 넘어서는 새 여성상」, 김활란 박사 탄생 100주년 기념 학술대회 자료집 『변화하는 세계와 여성고 등교육』(1999), 139쪽에서 재인용

21. 김활란, 「앞으로 오는 50년과 여성의 역할」, 김활란 박사 이화근속 50주년 기념 국제세미나(1968년) ; 조은, 앞의 책(1999년), 101쪽에서 재인용

22. 신옥희, 「김활란과 21세기 여성교육」, 김활란 박사 탄생 100주년 기념 학술 대회 자료집 『변화하는 세계와 여성고등교육』(1999년), 6쪽에서 재인용

23. 김활란, 「직업전선과 조선여성」(1932년) ; 신옥희, 앞의 글(1999년), 7쪽에서 재인용

24. 대한주부클럽연합회 편, 『불씨』(1986년)

25. 4회 수상자의 경우, 서른의 늦은 나이에 결혼하여 며느리가 '맹렬여성'이 되 기를 기대하는 시어머니의 도움을 받아 유학을 다녀올 수 있었다. 그는 도서 관 사서 일을 하다가 결혼하였으나 남편이 암으로 세상을 떠나 아이를 키우 기 위해 이화여전에서 다시 일을 하기 시작하였고, 당시 총장 김활란의 도 움과 강권으로 전쟁 기간 중 미국 유학을 다녀왔다. 이때 육아 과정은 전적 으로 친정어머니와 동생들의 도움을 받았다(대한주부클럽연합회 편, 『불씨』 (1986년))

26. 17회 수상자는 연애결혼을 하여 이화여전을 중퇴하고 아이를 어느 정도 다 키우고 난 뒤, 33세의 만학도로 조각 공부를 시작하여 미국 유학을 다녀와서 한국의 첫 여류조각가가 되었다.(대한주부클럽연합회 편, 『불씨』(1986년))

27. 한무숙, 대한주부클럽연합회 편, 『불씨』(1986년)

28. 이민정, 「토론회: 새 화폐 여성도안 어떤 인물이어야 하나: 한국 화폐 그 려질 여성대표는 '현모양처'?」, 『오마이뉴스』(200/. 10. 15.) http://www. ohmynews.com/nws_web/view/at_pg.aspx?CNTN_CD=A0000739720

29. http://www.sinsaimdang.or.kr/(현재 사이트 없어짐)

30. 양중모, 「주장: 신사임당? 왜 안 되는데요?」, 『오마이뉴스』(2007. 11.

7.) http://www.ohmynews.com/nws_web/view/at_pg.aspx?CNTN_CD=A0000758553

31. (사)문화미래 이프, 「고액권 초상인물 신사임당 반대 관련 2차 성명서」 (2007. 10. 26.)

32. 이명옥, 「여성 화폐인물 신사임당에 이의 있소이다!」, 『오마이뉴스』(2007. 10. 13.) http://www.ohmynews.com/nws_web/view/at_pg.aspx?CNTN_CD=A0000737904

33. 신사임당의 어머니 용인 이씨의 외할아버지가 강릉 최씨 최응현이다.

34. 김용식, 「5만 원 권 첫선」, 『한국일보』(2009. 6. 24.)

35. 경수현, 「인터뷰: 5만 원 권 신사임당 그린 이종상」, 『연합뉴스』(2009. 2. 28.)

36. 윤지나, 「5만 원 권 도안 화가, '이당 선생' 제자 사칭했나?」, 『노컷뉴스』 (2009. 6. 16.) http://media.daum.net/society/others/view.html?cateid=1001&newsid=20090616063607376&cp=)

37. 우승우, 「5만 원 권 속 신사임당 조선風 초상화로 바꿔라」, 『중앙SUNDAY』 108호(2009. 4. 5.) http://sunday.joins.com/article/view.asp?aid=11788

38. 박무영·김경미·조혜란, 『조선의 여성들, 부자유한 시대에 너무나 비범했던』(돌베개, 2004년) ; 박민자, 「신사임당에 대한 여성 사회학적 조명」, 『덕성여대 논문집』34집(덕성여대, 2005년) ; 이은선, 「페미니즘 시대에 신사임당 새로 보기」, 『동양철학연구』43집(동양철학연구회, 2005년) ; 이숙인, 「그런 신사임당은 없었다 : 권력과 젠더의 변주」, 『철학과 현실』81호(2008년), 136~149쪽

참고 문헌

1차 문헌

「모성애는 거룩하다」,『동아일보』(1939. 6. 23.)

「신사임당의 전기, 東劇이 연극으로 각색 준비」,『매일신보』(1944. 4. 25.)

「좌담회: 고난속을 가는 여성」,『여성』 4권 10호(1939년 10월호)

강원도교육위원회 사임당교육원,『수련교본(전국 여고생용)』(1982년)

姜再恒,『立齋遺稿』

權憘,『震冥集』 제8권

金樂泉,「賢母良妻란 무엇인가」,『실생활』 3권 7호(1932년 7월호)

金吾星,「女性의 敎養問題」,『여성』, 5권 5호(1940년 5월호)

金長生,『沙溪遺稿』

金集,『愼獨齋先生遺稿』

金尙憲,『淸陰集』 제33권

金壽興,『退憂堂集』

金瑗根,「詩, 書, 畵, 三全의 師任堂 申氏」,『신가정』(1935년 9월호)

金瑗根,「朝鮮心과 朝鮮色(二)-율곡 선생의 모친 사임당 신씨」,『동아일보』(1934. 10. 20.)

金長生,『沙溪全書』 제6권

金鎭圭,『竹泉集』 제6권

金集,『愼獨齋先生遺稿』 제8권

金昌翕,『三淵集』 제9권

대통령비서실,『박정희대통령 연설문집』(서울 대통령비서실, 1965년)

대통령비서실,『박정희대통령 연설문집-최고회의 편』(서울 대통령비서실, 1962년)

대통령비서실,『박정희대통령 연설문집-최고회의 편』(서울 대통령비서실, 1963년)

대한주부클럽연합회 편,『불씨』(바른사, 1986년)

대한주부클럽연합회, 「(좌담회) 현대인이 말하는 신사임당」, 『여성』 통권 49호(한국여성단체협의회, 1969년)

대한주부클럽연합회, 『20년사』(1987년)

대한주부클럽연합회, 『대한주부클럽연합회 30년사』(1997년)

대한주부클럽연합회, 『대한주부클럽연합회 40년사 -1994년부터 2004년까지의 자료』(2005년)

李景奭, 『白軒集』

李肯翊, 『燃藜室記述』

李珥, 『栗谷全書』 제18권

李廷龜, 『月沙集』

李種徽, 『修山集』

李恒福, 『白沙集』 제4권

朴瀰, 『汾西集』

박화성·최정희, 『여류한국』(어문각, 1964년)

沙雲生, 「盲目明視의 好賢母」, 『新家庭』(1935년 7월호)

蘇世讓, 『陽谷集』

宋相琦, 『玉吳齋集』 제13권

宋時烈, 『宋子大全』 제146권

송영, 「신사임당」(1945년), 『해방전(1940~1945) 공연희곡집』(이재명 엮음, 평민사, 2004년)

宋煥箕, 『性潭集』

肅宗, 『列聖御製』

申暻, 『直菴集』 제10권

申龜鉉, 「율곡선생의 어머니 신사임당 평전」, 『여성』 4권 9호(1939년 9월호)

申鼎言, 「百德百藝의 師表 申師任堂」, 『춘추』(1941년 3월호)

申鼎言, 「徵兵趣旨 野談漫談行脚-江原 篇」, 『매일신보』(1943. 3. 19.)

申靖夏, 『恕庵集』 제3권

魚叔權, 『稗官雜記』

魚有鳳, 『杞園集』

尹宣擧,『魯西遺稿』續續

이명휘 편,『白衣의 아픔-육영수여사 추도 문집』(휘문출판사, 1977년)

이은상,「조선의 여성은 조선의 모성」,『신여성』(1925년 6·7월호)

이은상,『보유 수정 사임당의 생애와 예술』(성문각, 1994년)

이은상,『사임당과 율곡』(성문각, 1966년)

이은상,『사임당의 생애와 예술』(성문각, 1962년)

壬寅生,「모던이씀」,『별건곤』제25호(1930년 1월호)

張膺震,「人生의 義務」,『태극학보』제2호(1906. 9. 24.)

장지연,『여자독본』상(광학서포, 1908년) (문혜윤 편역,『한국개화기 국어교과서 여자독본』(경진, 2012년))

赤羅山人,「모던數題」,『신민』59호(1930년 7월호)

鄭來周,『東溪漫錄』

鄭士龍,『湖陰雜稿』

鄭惟吉,『林塘遺稿』

鄭澈,『丈巖集』제24권, 제25권

趙龜命,『東谿集』제6권

趙裕壽,『后溪集』

주부생활사,『한국여성 30년사』(1976년)

車相瓚,「세아들을 다 과거에 급제식힌 김부식의 어머니」,『家庭の友』(1938년 9월호)

車相瓚,「어머니독본-제6과 아동과 가정교육」,『家庭の友』(1938년 9월호)

車相瓚,「용모보다도 지혜와 덕성 강감찬의 어머니」,『家庭の友』(1938년 9월호)

車相瓚,「朝鮮史上의 名夫人列傳-其四 千古列女 西江船夫黃鳳의 妻」,『家庭之友』제5호(1937년 7월호)

車相瓚,「朝鮮史上의 名夫人列傳-其三 女流陰謀家 李厚載夫人」,『家庭之友』제4호(1937년 6월호)

車相瓚,「朝鮮史上의 名夫人列傳-其二 徐藥峰 母親 李氏」,『家庭之友』제3호(1937년 3월호)

車相瓚,「朝鮮史上의 名夫人列傳-其一 申師任堂」,『家庭之友』제2호(1937년 1월

호)

車相瓚, 「현부인 이야기 2. 정절을 직히고 시부모를 밧들은 유진아의 부인」, 『家庭 の友』(1938년 11월호)

車相瓚, 「현부인이야기-1. 모든 고초와 어려움을 참고 내조의 힘을 쓴 충부공의 부인」, 『家庭の友』(1938년 10월호)

蔡之洪, 『鳳巖集』

崔岦, 『簡易文集』

허영숙, 「각오하여 두어야 할 죠선 여자의 텬직」, 『동아일보』(1925. 10. 18.)

허영숙, 「민족발전에 필요한 어린아희 기르는 법(1)」, 『동아일보』(1925. 8. 28.)

黃胤錫, 『頤齋亂藁』

연구 문헌

Nira-Yuval Davi, *Gender and Nation*(Sage, 1997년)

Hobsbawm, Eric.(에릭 홉스봄) 외, 박지향·장문석 옮김, 『만들어진 전통』(휴머니 스트, 2004년)

Kim Soojin, "Vacillating Images of Shin Saimdang: the invention of a historical heroine in colonial Korea", *Inter-Asia Cultural Studies* Vol.15,No.2(2014년)

Nolte, S. a. S. A. Hastings, "The Meiji State's Policy Toward Women, 1890-1910. Recreating Japanese Women, 1600-1945. G. Bernstein"(University of California Press, 1991년)

Roderick Whitfield, *Fascination of Nature, Plants and Insects in Chinese Painting and Ceramics of the Yuan Dynasty(1279-1368)*(Seoul: Yekyong Publication, 1993)

姜寬植, 「조선후기 지식인의 회화경험과 인식」, 『頤齋亂藁로 보는 조선지식인의 생활사』(한국학중앙연구소, 2007년)

姜寬植, 「眞景時代의 花卉翎毛」, 『澗松文華』 61집(2001년)

강릉시(관동대학교 영동문화연구소), 『신사임당 가족의 詩書畵』(강릉시, 2006년)

강릉시 오죽헌시립박물관, 『아름다운 여성, 신사임당 :신사임당 탄신 500주년 기
　념 특별전』(2004년)

강신항 외 저, 『이재난고로 보는 조선지식인의 생활사』(한국학중앙연구원, 2007
　년)

고연희, 「'신사임당 초충도' 18세기 회화문화의 한 양상」, 『美術史論壇』 37호
　(2013년 하반기)

고연희, 「'신사임당 초충도' 18세기 회화문화의 한 양상」, 『미술사논단』 36(2013
　년)

고연희, 「초충도, 세태를 풍자하다」, 『문헌과 해석』 66호(2014년 봄호)

고연희, 「초충도, 인물을 조롱하다」, 『문헌과 해석』 65호(2013년 겨울호)

공임순, 「전시체제기 징병취지 '야담만담부대'의 활동상과 프로파간다화의 역학」,
　『한국근대문학연구』 26(2012년)

김수진, 「신사임당과 현모양처-전통의 창안과 여성의 국민화」, 『전통의 국가적 창
　안과 문화변용』(혜안, 2009년)

김수진, 「전통의 창안과 여성의 국민화-신사임당을 중심으로」, 『사회와 역사』
　80(2008년)

김수진, 『'근대'의 과잉-식민지조선의 신여성 담론과 젠더정치, 1920-1934』(소명
　출판사, 2009년)

김은경, 「한국전쟁 후 재건윤리로서의 '전통론'과 여성」, 『아시아여성연구』 45-
　2(2006년)

김은실, 「한국 근대화 프로젝트의 문화논리와 가부장성」, 『당대비평』 8호(삼인,
　1999년)

민덕기, 「이율곡의 십만양병설은 임진왜란용이 될 수 없다」, 『한일관계사연구』
　41(2012년)

박계리, 「충무공 동상과 국가이데올로기」, 『한국근대미술사학』 12집(2004년)

박무영·김경미·조혜란, 『조선의 여성들, 부자유한 시대에 너무나 비범했던』(돌베
　개, 2004년)

박민자, 「신사임당에 대한 여성 사회학적 조명」, 『덕성여대 논문집』 34집(덕성여
　대, 2005년)

박지현,「화가에서 어머니로: 신사임당을 둘러싼 담론의 역사」,『東洋漢文學研究』
　　25집(2007년)

서정문,「'栗谷碑銘'의 찬술과 개찬 논란 검토」,『조선시대사학보』47(2008년)

小山靜子(코야마시즈코),『良妻賢母という規範』(勁草書房, 1991년)

신옥희,「김활란과 21세기 여성교육」, 김활란 박사 탄생 100주년 기념 학술대회
　　자료집『변화하는 세계와 여성고등교육』(1999. 5. 26-27)

우에노 치즈코,『젠더와 내셔널리즘』(박종철출판사, 1999년)

은정태,「박정희 시대 성역화 사업의 추이와 성격」,『역사문제연구』제15호(2005년)

이경구,『17세기 조선 지식인 지도』(푸른역사, 2009년)

이경구,『대동의 길 : 17세기』(공저, 민음사, 2014년)

이상경,「일제말기 여성동원과 군국의 어머니」,『페미니즘연구』2(2002년)

李成美,「율곡일가의 繪畵: 師任堂, 梅窓, 玉山」,『신사임당 가족의 詩書畵』(영동문
　　화연구소, 2006년)

이숙인,「신사임당 담론의 계보학 (1): 근대 이전」,『진단학보』106(2008년)

이숙인,「그런 신사임당은 없었다: 권력과 젠더의 변주」,『철학과 현실』81호
　　(2009년 여름)

이숙인,「신사임당: 서인-노론의 성모聖母 프로젝트」,『내일을 여는 역사』
　　54(2014년)

李源福,「申師任堂의 草蟲圖-定型樣式의 實相과 그 位相」,『花卉草蟲』(高麗美術
　　館, 2011년)

이은상,『사임당의 생애와 예술』(성문각, 1962년)

이은선,「페미니즘 시대에 신사임당 새로 보기」,『동양철학연구』43집(동양철학연
　　구회, 2005년)

이재호,『조선사 3대 논쟁』(위즈덤하우스, 2008년)

이필순,「여성 미술가의 역사적 고찰」,『한국 여성 문화 논총』김활란박사교직근
　　속40주년기념편집위원회 엮음(이화여자대학교 출판부, 1999년)

정호순,「국민문학에 나타난 모성 연구」,『어문연구』33-1(2005년)

조규희,「만들어진 명작 : 신사임당과 초충도(草蟲圖)」,『미술사와 시각문화』12
　　호(2013년)

조은, 「가부장제와 근대를 넘어서는 새 여성상」, 김활란 박사 탄생 100주년 기념 학술대회 자료집『변화하는 세계와 여성고등교육』(1999. 5. 26-27)

최연식, 「박정희의 '민족' 창조와 동원된 국민통합」, 『한국정치외교사논총』 28집 2호(2006년)

최유리, 「일제말기 징병제 도입의 배경과 그 성격」, 『역사문화연구』 12(2000년)

카타야마 마리코, 「조선미술에 있어서의 초충도의 전개」, 『花卉草蟲』(高麗美術館, 2011년)

홍양희, 「식민지시기 '현모양처론'과 '모더니티' 문제」, 『사학연구』 99(2010년)

황정미, 『개발국가의 여성정책에 관한 연구: 1960-70년대의 한국 부녀행정을 중심으로』(서울대학교 사회학과 박사학위논문, 미간행, 2001년)

온라인 사이트 및 신문

http://www.sinsaimdang.or.kr/(화폐인물 추대를 위한 사이트로 현재는 사이트 없어짐)

경수현, "인터뷰: 5만 원 권 신사임당 그린 이종상", 『연합뉴스』(2009. 6. 16.)

사임당교육원 http://www.saimdang.or.kr/

양중모, "[주장] 신사임당? 왜 안되는데요?", 『오마이뉴스』(2007. 11. 7.) http://www.ohmynews.com/nws_web/view/at_pg.aspx?CNTN_CD=A0000758553

우승우 "5만 원 권 속 신사임당 조선風 초상화로 바꿔라", 『중앙SUNDAY』 108호 (2009. 4. 5.) http://sunday.joins.com/article/view.asp?aid=11788

윤지나, "5만 원 권 도안 화가, '이당 선생' 제자 맞나?", 『노컷뉴스』(2009. 6. 16.) http://media.daum.net/society/others/view.html?cateid=1001&newsid=20090616 063607376&cp=)

이명옥, "여성 화폐인물 신사임당에 이의 있소이다!", 『오마이뉴스』(2007. 10. 13.) http://www.ohmynews.com/nws_web/view/at_pg.aspx?CNTN_CD=A0000737904

이민정, "토론회: 새 화폐 여성도안 어떤 인물이어야 하나: 한국 화폐 그려질 여성 대표는 현모양처?", 『오마이뉴스』(2007. 10. 15.)

http://www.ohmynews.com/nws_web/view/at_pg.aspx?CNTN_
CD=A0000739720

『전남매일신문』, 『강원일보』, 『연합뉴스』, 『경향신문』

신사임당, 그녀를 위한 변명

시대와 권력이 만들어낸 신사임당의 이미지 변천사

초판 1쇄 인쇄 2016년 11월 20일
초판 1쇄 발행 2016년 11월 30일

글쓴이 고연희·이경구·이숙인·홍양희·김수진
펴낸이 김경희
디자인 박재원

펴낸곳 도서출판 다산기획
등록   제1993 – 000103호
주소   (04038) 서울 마포구 양화로 100 임오빌딩 502호
전화   02 – 337 – 0764 **전송** 02 – 337 – 0765

ISBN 978-89-7938-107-8 03910

* 잘못 만들어진 책은 바꿔 드립니다.

* 한국출판문화산업진흥원 2016년 우수출판콘텐츠 제작 지원 사업 선정작입니다.